故事力

用故事决胜人生关键时刻

高琳 ［美］林宏博 著

中信出版集团 | 北京

图书在版编目（CIP）数据

故事力 / 高琳，（美）林宏博著 . -- 北京：中信出版社，2020.4（2025.11 重印）
ISBN 978-7-5217-0888-2

Ⅰ . ①故… Ⅱ . ①高… ②林… Ⅲ . ①语言艺术—通俗读物 Ⅳ . ① H019-49

中国版本图书馆 CIP 数据核字（2020）第 034467 号

故事力

著　　者：高琳 ［美］林宏博
出版发行：中信出版集团股份有限公司
（北京市朝阳区东三环北路 27 号嘉铭中心　邮编　100020）
承 印 者：河北鹏润印刷有限公司

开　　本：880mm × 1230mm　1/32　　印　　张：12　　字　　数：195 千字
版　　次：2020 年 4 月第 1 版　　印　　次：2025 年 11 月第 23 次印刷
书　　号：ISBN 978-7-5217-0888-2
定　　价：69.00 元

名人推荐

人类可以持续进化，领先万灵，想象力是建构这一进化的基础；创业者作为人类中的“先锋队”，“故事力”更是其核心能力，敢于想象，精于表达，重于实践构建了这样的基础。推荐高琳老师的新书《故事力》，相信这本书可以帮助很多创业者持续进化！

——王玥，连界资本董事长

在麦肯锡和互联网创业公司工作 12 年后，我才发现，其实所有工作都是在“讲故事”。用愿景与事实讲出企业应该投资的领域，用画面与文案讲出产品值得拥有的理由，用真诚与逻辑讲出各方如何共赢的方案……高琳这本《故事力》既有高度，又可执行，教你成为一个理解人、感动人、激励人的讲述者。

——邱天，麦肯锡资深顾问

书中说“讲故事”是一个被遗忘的能力，我反而觉得这是一个被想起的能力。想起故事，自然就想起高琳。她的故事超越了“吸引”，达成的是“感染，带动，激发”。我不觉得有比讲故事更能影响他人的方法，我不觉得有比高琳更会讲故事的人。

——李龙乔，北京创思迈格咨询有限公司创始人

一个人在职场上、社会上的影响力大小和会不会讲故事有很大关系。很遗憾我们在成长过程中没有接受过这样的系统训练。高琳的这本《故事力》，能帮你在轻松的阅读中掌握讲故事的真本领，因为她本人就是讲故事的高手。向最棒的榜样学习，就是捷径。

——康妮，瑞利溪咨询公司 CEO

畅销书《如何结交比你更优秀的人》作者

作为资深的财务从业者，我曾经一直坚信“数字自己会说话”。但是在实际工作中，我真正懂得了“数字本身并不会说话，关键是你如何让数字说话”，这完全取决于你用数字讲故事的方式。一个会用数字讲故事的人对数字的使用可以简单到就像：你如何第一次让自己的孩子学会1+1=2。在亚马逊，我发现很多成功的高管都是用数字讲故事的精英。所以，特别推荐高琳的新书《故事力》。

——蒋明琴，亚马逊北美零售和亚太区财务总监

故事传播知识，故事促进思考，故事引发共鸣，故事打动人心。用故事的力量，影响他人，成就自己。

——金方千，雅培药品业务中国区总经理

当我看到高琳老师即将出版的新书名字的时候，即刻被它吸引并迫不及待地读了几章。书中描述的许多场景我都深有体会，不禁感慨若能早些年就关注和训练自己的这项能力该多好！高琳老师从各个角度、深入浅出地帮助读者分析和掌握结构性地搭建、技巧性地讲述故事的能力。看过后我深深感到，这项能力不仅适用于职场，更适用于生活。

其实，人的一生不就是充满了各种故事吗？

——王彤，拜耳大中华区人力资源副总裁

高琳是我在摩托罗拉的同事，她总是能给认识她的人以深刻的印象，想来她应该就是那种有故事并且会讲故事的人吧。《故事力》这本书很实用，希望我们都能掌握一些小窍门，让工作生活变得生动起来。

——孙欧，联想集团副总裁、中国区首席财务官

国人对讲故事好像有一种天然的误解，认为擅长讲故事的人就类似于“大忽悠”或不干实事。人们每每遇到故事却又欲罢不能，嘴上说不要，行动很真实。讲好一个故事绝不是信口开河，讲好故事也绝不是单靠天赋。每个人只要刻意练习，琢磨出背后的逻辑、表达的模型、升华的套路，就能讲出一个 85 分的好故事。高琳博士的这本书就是练习中不可多得的宝典。作为新时代的市场传播人，只要传播的对象还是爱听故事的人，那讲好故事就不怕被人工智能取代。

—— 毕云凡，奔驰金融数字化传播高级经理

目 录

推荐序

我是理科生，2000 年本科毕业后去了美国读分子生物学的博士，每天泡在实验室里，和细菌以及实验室的各种仪器、各种数据做斗争。我那时候觉得“讲故事”这类“虚头巴脑”的东西，离自己不能再远了。

博士生都需要去参加各种学术会议，做学术演讲。记得我第一次参加一个学术会议时，自己准备了一稿，反复修改，用几十张 PPT（演示文稿）把研究背景、假设、数据、结论都罗列清楚了，自我感觉很不错，就拿去给导师看。没想到导师看了很不满意，说了一句令我终生难忘的话：“你需要一个好故事，要知道所有优秀的科学家都是特别会讲故事的人。”（You need a good story，you know all great scientists are great story tellers.）

从那时候，我才开始意识到，“故事”这个看上去虚头巴脑的东西，其实无处不在。我那几十页的数据流水账，哪怕在科研领域也行不通。

什么是好故事？我当时从科研演讲里总结出了几条标准。后来发现它们不仅在科研领域有用：我博士毕业以后在麦肯锡工作了10年，后来又到盖茨基金会任职，这几条标准拿到哪里都通用。

第一，你要讲的，和我有什么关系？

讲故事最怕的就是自说自话。一些评论认为中国人擅长讲道理，西方人擅长讲故事。我们来想想讲道理和讲故事的核心区别：讲道理，是从演讲者出发的，演讲者认为什么是对的，就讲给对方听；而讲故事是以听众为出发点的，和听众有关。科研演讲，也要先从这些角度讲：我们为什么要做这个研究？我们看到了什么现象？想到了什么问题？这个问题为什么值得问，为什么有意义？在商业世界里也是一样的：我们想解决什么问题？为什么这个问题和“你”有关系？这个“你”可能是客户，可能是投资人，可能是政策制定者、监管者。演讲者面对的对象不同，角度也不同，大到宏观叙事的层面，小到用户体验的角度。

第二，有冲突，不是流水账。

冲突，就是“不合常理”，其实每一件事情，都有“不合常理”的地方。反过来说，没有一件事情是都“符合常理”的。这个冲突点是什么呢？例如北大毕业生创业，不是故事，北大毕业生的创业如果是养牛，就是故事。因为“不合常理”，北大和养牛放在一起，就形成了冲突。

第三，有场景和视觉化的呈现。

科研里有一个好的说法，就是让数据说话。数据的视觉化也成了一门学问。最著名的就是TED（技术、娱乐、设计）演讲者——汉斯•罗斯林教授做的大量的数据视觉化的工作。在没有大量数据的时候，好故事的视觉化也非常重要，因为好的故事，需要让读者自己在脑子里构建丰富的场景，而构建就需要视觉元素。大家想想好的小说，它们都是让你在读的时候能自己构建场景的。如果我们希望说明一个员工工作出色，最好能视觉化地呈现她工作的难度：下午的会议室，很热，她个子比别人矮一大截，但到她讲的时候，她走到前面，找了个小凳子站在上面，声音特别洪亮，讲得特别清楚，客户边听身体边前倾，对我们的产品产生了浓厚的兴趣。这是不是很有画面感的描述？比“她的演讲才能很好”这句干巴巴的话有说服力多了。

第四，有真实情感。

这一点在科研领域好像展现不多，但其实所有的研究都有人文关怀的角度。所有的好故事最终能打动人，都是靠真实的情感。如果一个故事有冲突，有场景，但是让人感觉不真实，那就都白搭了。真实并不容易，所以好故事都是有勇气的故事。

这些经验，伴随了我很多年，让我不断反思，不断学习。不管是科研，还是后来的职场，或者是“奴隶社会”公号这2 000篇文章，其中都有这些反思和事件的隐约展现。从学校到职场，从中国到美国，我越发觉得讲故事的能力是我们中国的教育理念里非常欠缺的，这也是中国人在跨国企业里遇到领导力瓶颈的部分原因。

我自己一直没有机会系统梳理和分享，所以当我看到高琳的这本书，特别高兴她能帮很多朋友“补”上这重要的一课。高琳教练是一个特别“有彩”的人。我第一次见她就被圈粉了，为什么她能做成那么多“出彩”的事儿？秘诀就是她非常会讲故事。她有丰富的职场经验和专业培训经验，而且也已经帮助了很多职场朋友。希望更多的朋友能成为讲好故事的人，通过讲好故事来完成更大的目标，拥有更广阔的未来。

李一诺

盖茨基金会首席代表、一土学校创始人

序言

为什么你需要故事力

未来属于那些拥有与众不同思维的人，唯有拥有右脑时代的6大全新思维能力，才能决胜于未来。

——丹尼尔 · 平克

什么是故事力

20 年前，我在美国念完工商管理硕士，要去参加一个工作面试，一个英语还没说利索的中国姑娘，要跟美国人竞争，心里一点儿底都没有。当时一个美国师哥跟我说："面试不就是讲故事吗？不会讲故事，你还敢去面试？"

的确，我发现外国人从总统，到总裁，再到普通人，大部分都非常会讲故事，因为这是他们从小就学的技能，然而在中国的教育环境中，故事力很少被提及。所以，我那时还是第一次听说讲故事这个概念。

他看我有点儿蒙，就继续解释说："你简历里关于你的每一段经历都要有一个故事来支撑。你要把故事讲得有声有色，讲到面试官一直在追问你'那后来呢？后来怎么样了？'，你就成功了！"那时候我总共就只有三年工作经验，说实话也没几条能拿得出手的经历值得说。尽管如此，我还是挖空心思一条一条地想我有什么故事可以讲，怎么讲。

面试当天，我给面试官讲了一段我如何帮助老板解决问题的小故事。那个问题本身小得不能再小了，就是老板出差前让我给她住的酒店发个传真，但出发前她把自己住的酒店名字搞错了。结果我一家一家把当地所有的五星级酒店的电话打了一遍，最终找到了老板住的酒店，把传真发了过去。当然，这是在有手机之前的“远古时期”发生的事。

我在讲这个故事的时候就注意到，面试官越听，头就越往前倾，还一个劲儿地问“后来呢？”，当时我就心想，看来有希望哦！果然，就凭这么一个小故事，我在离毕业还有三个月时就稳稳地拿到了500强企业管培生的录用通知书。

那是我第一次领悟到讲故事的神奇作用——它能帮你把你的想法装到别人的脑袋里，并且让他人埋单。

畅销书作家丹尼尔·平克在他的《全新思维》中提出：“未来属于那些拥有与众不同思维的人，唯有拥有右脑时代的6大全新思维能力，才能决胜于未来。”这6大全新思维能力中很重要的一项就是“故事力”—— 用故事思维讲出你的故事并由此产生影响力。

面试的时候讲好故事，会让面试官认为你就是他们想要找的那个人；销售的时候讲好故事，客户就能心甘情愿地埋单；工作汇报的时候讲好故事，能让领导立刻认可你；相亲约会时讲好故事，就能让对方觉得你是那个三观一致、趣味相投的Mr. or Mrs. Right。如果你是领导或是创业者，讲故事更是你的必修课，因为故事是成本最低的说服方式，这也就是为什么很多高管会高薪请我们一对一地帮他们提高故事力。

总之，无论你有什么样的背景，在职场的哪个阶段，学会讲故事，都会在你的沟通技能包里加上一个非常有力量的工具，故事思维能帮助你从全新的角度去思考和看待生活。

讲故事，一种被遗忘的能力

我们每个人，只要活着，每天就自然而然地在讲故事。小朋友每天放学回家会讲今天学校里都发生了什么；我们下班会和配偶唠叨公司里都发生了什么；我们的爸妈也会跟我们闲聊今天隔壁家发生了什么。所以从这个意义上来讲，我们都是讲故事的人，只不过我们从来没有意识到，也不会这么介绍自己，更没有有意识地去运用它。

讲故事的能力其实从人类能够直立行走开始，就一直留存在我们的基因里了。人类的文明是如何被记录下来的呢？远古时期，当语言还没有被发明的时候，山洞里的壁画就已经在讲故事了：有一次，我们一起出去狩猎，遇到了一大群鹿，领头的雄鹿很强壮，我们只能从四面把它团团围住，用弓箭射它。它非常顽强，中了几箭都没有倒下。不过，我们大家也非常团结、坚定，终于，在不懈的努力下，我们狩猎成功了！晚上大家围着篝火吃了鹿肉，唱歌跳舞进行庆祝。

当然，这个故事是我们通过壁画的内容构想出来的，壁画和故事叙述的本质都是一样的，都是通过构造“画面感”来记录一个事件。

从壁画到象形文字，到《伊索寓言》、《古希腊神话》和中国的《山海经》，人类其实已经走过了一万多年的故事历程。然而，在当今时代，故事对我们来讲比在以往任何一个时代都更为重要。为什么呢？随着科技的发展，大家每天接收的信息越来越多，注意力能够集中的时间越来越短。以前讲一个故事，可以用一整夜，而如今，刷个抖音只用 15 秒。在这个以内容为王的时代，谁能在最短的时间内创造出最精彩的故事，谁就能够获得最多的注意力，也就是我们常说的流量。我想，如果伊索还健在的话，他应该能登上十大网红排行榜。

为什么人工智能时代呼唤故事力

故事思维就是我们怎么想，怎么去看待这个世界，怎么解释事物的运作，怎么理解自己在这个世界当中的位置。故事，其实就是你的人生。只要你活着，就有故事。

然而不幸的是，现代教育让我们作为人类本有的讲故事的能力慢慢弱化了。TED 大会上获得掌声最多的演讲之一是教育学家肯·鲁滨逊的一个演讲，他讲道："现代教育系统慢慢地就不再教育腰部以下的身体了，只关注腰部以上的脑子、手、左脑，忽视了右脑。"这也难怪，现代教育系统发展于19世纪，设计意旨是让孩子适应即将到来的工业社会。工业社会需要什么？需要逻辑、规范，人要如精密仪器一样运转。然而，今天我们面对的社会是智能的，多元的（视觉、听觉、触觉），变化多端的，我们更需要创造力和右脑思维。

最近10年的时间里，人工智能创造了很多以前想都不敢想的奇迹。然而智能不等于智慧，从古至今，人类智慧的创造和流传都离不开故事。讲故事的能力存在于我们的基因里。事实上，讲故事是人类交流形式中最自然的一种，也是最有意思的一种。如果你不信的话，想象一个你最喜欢的电影，然后试着用一张PPT或列表总结一下中心思想。你会发现，电影里所有有意思的寓意都消失在PPT里了。故事力体现了人类的高度智慧，它是凝聚了情商、沟通力、领导力、战略性思维等的综合能力。正如丹尼尔·平克所说，故事力存在于"高概念"和"高感性"的交汇处。

然而，一直以来，我们所接受的教育都偏理性思维，不重视感性思维，这也使得我们在类似讲故事这种高阶的沟通能力方面的培养落后于欧美发达国家。我和我先生Hubert Lin（林宏博）在美国工作、生活多年，发现很多华人技术能力很强，在职场上却拼不过美国人。为什么？因为我们不会讲故事。在工作中，我们做了100分，却只能讲出80分，人家做了80分，却恨不得讲出120

分来，这个差距最终体现在薪酬和职位上。

我们一直认为这个差距可能是由我们的教育系统不同造成的，这一点在 2018 年我们开办的青少年演讲训练营中得到证实。这个训练营的初衷是希望能够帮助孩子提高中英文演讲的能力，当把公立学校的学生和国际学校、国外回来的学生聚集在一起的时候，我们发现公立学校的同学英文表达能力其实一点儿都不差，但是唯一缺少一项能力——故事力。

比如，训练营里有一个北京市某重点高中的姑娘，她的演讲主题是“减少白色污染”，但无论她怎么讲，观众听起来都没有激情，于是我们就问她：“为什么这件事对你那么重要？”她想了很久，说：“因为有一次我和爸妈坐游轮，看见海面上漂着很多塑料袋。”我说，这个好啊！于是继续追问：“那你当时是一种什么样的心情呢？”她又想了半天，最后支支吾吾地说：“老师，其实这个故事是我编的。”

这不是一个特例，而是很普遍的现象：很多孩子不知道怎么从生活中的小事悟出一个道理，并且自信地把它表达出来从而感召他人，影响他人。国际学校、国外回来的同学好像不用教，很自然地就知道怎么讲故事。然而，比不知道怎么讲故事更可怕的是，在我们面向成人的讲故事训练营里，我发现很多人之所以讲不出故事，根本原因在于不相信自己有智慧，不相信自己的故事值得一听。

我们总说不能让孩子输在起跑线上，但是未来不是用奥数考出来的。出了象牙塔，我们需要去沟通，去说服，去影响。所以，我们需要从小培养故事思维和故事力，从生活的点滴小事中总结出故事和道理，并有逻辑、有感染力地把故事讲给别人听，让别人认同自己。这样，在下一个10年，20年，50年，我们的孩子在与全球人才的竞争中，甚至在与人工智能的竞争中，才能拥有自己独一无二的全新思维优势。

讲故事学得会吗？怎样才能学到又赚到

既然讲故事是人与生俱来的本领，那为什么还需要学呢？这就像每个孩子生下来就会涂鸦，但不是所有人都能成为艺术家一样。讲故事和画画一样，如果想要讲出效果，讲出水平，就需要超越直觉，把它当作一门手艺去学习，去精进。

也有人会说既然讲故事的能力在我们的传统教育里有所缺失，那我这把年纪还能学会讲故事吗？还有很多人觉得讲好故事的才能是一种天赋，是学不会的。

如果你也这样想，我想问你，你觉得有多少人可以无师自通学会英语？估计不多吧？讲故事和说英语没什么区别，都是一个技能。说英语说久了就会有用英语思考的习惯。同理，如果你能像培养其他技能一样培养讲故事的能力，投入时间精力，掌握正确的方法，并加以练习，你也可以培养出你的故事思维！

我们有信心这样说是因为我们也是这样学过来的。过去20多年我们在国内外的工作和学习，为本书提供了扎实的实践和理论基础。针对成人学习的特点，我们采用“**概念+场景=应用**”这样的模式，真正手把手地教你如何通过故事决胜人生的重要时刻，如何用故事讲出你的个人影响力。另外，每章后面都有一些思考问题，你可以通过“有意思教练”公众号（ID：MessageCoach）和我们互动，因为我们相信只有实践才能真正提高故事力，做到以下几个方面：（1）运用故事思维来思考和解决问题；（2）开启右脑思维，让沟通更有温度也更有影响力；（3）提高社交能力，成为一个更有趣的人。

谁适合读这本书呢？

- **有进取心的职场人**：学会用讲故事的方式影响同事、老板、客户，而非单一地摆事实、讲道理，变身职场大牛。
- **领导者、高管**：下属愿意追随的不是你的权力，而是你的领导魅力。用故事去影响下属，能够把你的理念润物细无声地埋进下属的大脑，让他们认同你是一个值得追随的，有趣、有料、有温度、有高度的领导。
- **创业者、企业家**：投资人投的不是公司，是创始人。讲好自己和公司、品牌的故事，是一家公司领头羊必备的技能。

- **想要成为一个斜杠的人[1]或想打造个人IP（知识产权）的人：** 打造个人IP本身就是讲好“我是谁”这个故事，并让客户为你埋单的过程。
- **想要转型、转行或重新出发的人：** 在这种人生的转折点上，更需要学习如何通过讲述新故事重塑个人品牌。
- **父母/教育工作者：** 没有一个孩子不爱听故事，学会讲故事而不是只讲大道理，会让你和孩子的沟通更有效。

怎么读这本书才能学到又赚到?

故事既然是以影响为目的的，那就一定要放到场景里才能显示它的威力，否则就都是纸上谈兵。如果知道故事在哪些场景可以怎么应用，你就更有动力去学习讲故事了，因为只要你开始讲，就会尝到甜头！你会发现，原来自我介绍还可以这么讲，工作总结还可以这么做，产品介绍还可以这么说，教导孩子还可以这么玩儿！

本书分为两大部分。如果把讲故事当作沟通中的一把利器，前面1~8章讲的就是这把利器是如何打造出来的，后面的章节则在讲如何用好这把利器。多年来，我们在教上万名学员、高管讲故事的过程中发现，如果有一个简单清晰的故事模型，学员去学习、理解和运用故事力的效率会大大提高。所以我们根据经验总

① 斜杠的人，指不满足被单一职业和身份束缚，选择拥有多重职业和身份的多元生活的人。——编者注

结了人人都需要的3个故事和8个关键应用场景，帮助大家学习如何讲一个好故事。

模型的好处在于简单化、标准化，坏处在于它不够灵活，而且关键时刻你也很难想起来用它。所以你不需要死记硬背，你要学的并不是故事模型，而是模型背后的道理，模型就是帮你把复杂的信息简单化的一个工具，剩下的要靠你在生活中举一反三。因为故事力作为影响力的工具，是没有标准答案的。

所以，首先，在读这本书的时候，我们邀请你放下一个想争当好学生的执念。因为故事本来就没有什么对错可言，只有“有效”和“无效”之分。对于你要影响的人和那个情境，故事只要是有效的就是好的，因为影响力由别人对你和你的感受决定。感受本身就是非理性的。

其次，看这本书的时候，你需要暂时让你强大的左脑休息一下，调动一下你的右脑。找一个舒适的环境，铺上彩色的桌布，用彩笔做笔记，研究表明颜色对于右脑工作有帮助。

最后，我想说如果你就想看马云、乔布斯等名人的演讲故事，我们要让你失望了。虽然书中也会引用一些名人的演讲和他们的故事，但我们一直相信普通人的故事更有借鉴意义，而且讲自己的故事永远比讲别人的故事更有力量。所以，你会在本书看到很多我和Hubert教练的故事，以及我们学员的故事。

你准备好开启你的故事之旅了吗？

第1章

为什么讲故事那么重要

那些会讲故事的人将会统治世界。

——美国谚语

什么样的故事才能影响他人

故事人人都会讲，但是在这本书里我们所定义的讲故事，是指为了传播某一个观点，影响某个特定的受众群体，有意识地组织语言以获得认同的过程。所以，到底什么才是我们所讲的故事呢？

我先给大家讲一个真实的故事。

曾经一位全职妈妈创业找融资的时候给著名的投资人徐小平发了一条短信。

> 第一句：我是北大毕业的。
>
> 第二句：现在在开淘宝店，淘宝店的销售额已经3 000万了。
>
> 第三句：但是我陷入了迷茫，您是一位心灵导师，您能不能开导开导我？

结果，徐老师看到这条短信后3分钟就把电话打了过去。当天下午他们就约好见面，谈了4个小时后，徐小平就打算投资她了。

这位全职妈妈就是电商平台蜜芽的创始人刘楠。经过五轮融资，现在这家公司已经有了100亿元的估值。所有这些都源于一个三句话的自我介绍，这个介绍就是一个典型的故事。

为什么这么说呢？

你看，如果她的这个短信是这么说的："徐小平老师你好！我叫刘楠，我从北大毕业，创业销售额达到3 000万了，想要寻求融资，能见见您吗？"你觉得这么说还会有同样的效果吗？估计徐小平老师看一下就删了。

只有"因为"+"所以"就不算一个故事——因为我想融资（目标），所以我想见你（结果），这只能算是一个叙述。那什么是故事呢？在"因为"和"所以"之间加一个"但是"，就变成了故事！这个"但是"就是故事所必备的转折、冲突、矛盾。无冲突，不故事，在这短短的三句话里，就有三个"冲突"。

北大毕业生怎么开淘宝店了？徐老师看完一定有点儿好奇，这就是第一个冲突。销售额已经3 000万了，居然能做出这样的成绩？想必看到这儿，徐小平老师一定更好奇了。紧接着"但是我陷入了迷茫"，都3 000万了还迷茫？这是第三个冲突。最后再将徐老师当作心灵导师，徐老师一听肯定心花怒放啊！

也许你没意识到，这三句话其实就是一个最简单的故事架构，叫作——因为，但是，所以。

◆ 因为我有一个目标

- 但是在追求目标的过程中遇到了障碍
- 所以我做了什么 / 想要做什么去克服这个障碍

故事所有的立意，也就是我们之前说到的“目的”，都是通过这个“但是”来体现的。正是这个“但是”最能勾起听众的好奇心，想要追问“为什么”“后来呢”，当他们心里带着无穷的好奇心的时候，想不给你注意力都难。

测一测你是在讲故事还是在叙述

我们每个人都喜欢听故事，因为我们就生活在无数的故事里面。人类通过故事去理解世界，解释事物的运作。从小到大，我们学习很多生存之道、人生哲理时都是通过故事来理解的。比如，当你两三岁的时候，父母告诉你不要玩火，他们一定不会说：“别玩火啊，玩火会导致三度烧伤。”因为这是事实，事实需要经验和知识的加持，才能被理解。但是如果父母说：“你别玩火啊，一会儿别把咱们家房子都烧了，再把你烧了，特别疼的！”你是不是就会马上停手？其实你爸妈就是编了一个故事让不懂事的你理解玩火的坏处。

故事之所以有那么大的冲击力，是因为我们无论有什么背景，都熟悉故事，都会很自然地用故事去解释一个不容易理解的情况。比如你突然听到办公室里两个同事大声嚷嚷，你脑子里就会开始编一个故事解释：为什么会这样呢？他俩有什么矛盾啊？我们都习惯用故事看待这个世界。

叙述，是按照逻辑顺序罗列事实，告诉你发生了什么。故事则帮助我们解释事情为什么发生，这个事件告诉我们一个什么道理，并且把这个因果和听者紧密联系起来。

叙述靠的是走脑，要有理有据。故事靠的是走心，需要情感和联想、想象的能力（见表 1）。

表 1　叙述与故事

	叙述	故事
内容	陈述“做什么”和“怎么做”	强调“为什么”
目的	罗列事实	根据情境调整以实现不同目的
方法	走脑，掌握信息和证据	走心，激发情感和想象力

为什么故事比事实更有说服力

世界上销量最高的书是什么？是《圣经》。《圣经》里有 PPT 吗？有图表吗？有章程吗？没有，有的只是一个又一个的故事。当一个故事让人们感到富有激情，解决了他们的困惑时，他们相信了故事，就会选择相信讲故事的你。这就是为什么宗教总是离不开故事。比起单纯的叙述，故事为什么更有力量呢？

故事比事实更招人喜欢

以色列有一则古老的寓言是这么说的："故事"和"事实"来到一个村庄，人们看见"事实"就辱骂它、向它吐口水，把它赶走。但是"故事"一来，村民拿出糕点、汤和肉等好吃的招待它，给予它隆重的欢迎。"事实"把自己的经历告诉了"故事"，故事想了想，把自己漂亮的衣服给了"事实"，让它穿上再走进村庄，这一次，穿着漂亮衣服的"事实"果然受到了村民的欢迎。

没人喜欢赤裸裸的事实，即使它是真实的。比起赤裸裸的事实，人们更愿意接受故事。经过故事包装的事实更能引起人的共鸣。比起直白的说教，通过讲故事透露出的信息和价值观，更容易让人接受。

我们经常听到一句话——"让事实说话吧"，但事实真的会说话吗？一个孤立的事实是很难让人信服的。你身边一定有抽烟的朋友，"吸烟有害健康"是一个确定的事实，每包烟的盒子上都写着，有的盒子上还标个骷髅头。你苦口婆心地跟他们说过多少次抽烟的危害？是不是还给他们发过不少骇人听闻的医学报道。然而，他们戒烟了吗？

我有一个朋友，他是有10多年烟龄的老烟民。每次我们劝他戒烟，他总是对我们说："我爷爷这辈子又抽烟又喝酒，93岁了，活得好好的。”他当了准爸爸还一直在吸烟。后来有一次聚会，一个朋友家的孩子忽然哮喘犯了。她讲了她前夫在家一直吸烟，屡劝不戒，小孩生下来就住进 ICU（重症加强护理病房），后来就一直有哮喘。为了抽烟这件事，她跟前夫离了婚，她还讲了得哮喘的孩子成长起来多辛苦。

我那朋友当晚回去，就立下了戒烟的誓言，等宝宝出生的时候，他真的不抽烟了。你看，事实并不像我们想象的那么可靠，故事往往更能左右人的思想。看到香烟包装上的骷髅头，你不会想到自己。而一个绘声绘色的故事，立刻就能让你联想到："万一我的孩子也这样，那怎么办？万一我老婆也要因此跟我离婚怎么办？"

故事比简历、名片更吸引人

2018 年，我应中国美国商会的邀请，给 2018 女性经济峰会做工作坊。当天有个演讲嘉宾是大名鼎鼎的好莱坞华人女性制片人杨燕子（Janet Yang）女士。她参与制作了很多大家耳熟能详的电影，其中，她的代表作《喜福会》曾经影响了一代又一代的华人女性。她的演讲结束后，参会的观众都蜂拥而上，求合影、递名片……都说："Janet，我太喜欢你了，从小就看你的电影。"人们都希望能够靠近她。

这时候，我走过去轻轻拍了下她的肩膀，说：" Hi，Janet，我给你讲个故事吧。二十几年前，我第一次离开家到美国留学。一个朋友从机场接我到她家，晚上没事做，她就说，要不咱们看个电影吧。于是她拿出了一盘录像带，还是黑胶的那种，结果我看得从头哭到尾！那个电影就是《喜福会》。”

还没等我说完，她忽然抓起了我脖子上挂的名牌问：“你叫什么名字？”（参加会议的时候，人们的脖子上都挂个名牌）当天活动结束的时候，她还主动来找我要了微信。

当今社会最值钱的是什么？是时间？是信息？是资源？都不是。

是人的注意力！英文说“pay attention”，你看，注意力是要买（pay）的，买什么呢？买的就是机会成本。你跟别人聊天，为新工作面试，给老板做汇报，给客户推销产品……你需要做的第一件事就是吸引对方的注意力，只有让他们听到你说的，才有机会让他们记住、认同、埋单。如果你一开口别人就开始走神，不是因为他们没教养，而是因为他们脑子里下意识觉得这件事不值得他们花费“机会成本”。如果他们没给你注意力，那你岂不是白说了？

所以，想要让别人认识你、记住你，靠发名片和强行表白，是很难做到的，但是一个应景的深刻的故事可以帮到你。

故事比事实更能让人记住

如果让你选，一个故事和一张数据分析报表，哪个更可信？你一定会说是报表，但哪个更好记呢？研究表明，数据如果作为故事的一部分，会比单独呈现时容易被记住 20 倍！在线下培训中，我经常带学员玩这样一个记忆游戏。首先，我会请一组人，给他们几十秒记住以下内容。

> 两条腿坐在三条腿上吃一条腿，然后四条腿进来了，从两条腿那里抢走了那一条腿。然后两条腿用三条腿打了四条腿，并夺回了被抢走的一条腿。

你觉得有几个人能够记得住呢？在我做的这上百场培训中，能记住的人一个都没有！然后，我又请另外一组人，给同样的时间，让他们记住以下内容。

> 一个小伙子坐在一个三脚圆凳上吃鸡腿，忽然进来一条狗抢走了那个鸡腿。小伙子拿起圆凳打了那条狗，并夺回了鸡腿。

你猜有几个人记住了呢？几乎所有人都记住了！看出来了吗？这两段其实说的是一码事，只不过后者听起来是个故事，更有画面感，因此也更容易被记住。

著名的教育心理学家布鲁纳曾经提出："零散的知识和事实是非常难记忆的。"除非把一件件事情放进构造好的模型里，否则人很容易忘记。故事就是一个很好的记忆模型。人类依靠各种故事和叙事架构来理解和规划自己的生活。人类不易记住数据，却容易记住故事。

讲故事就能让人更容易记住你，记住你才能选择你！

故事比事实更能激发情感，也更有说服力

在工作中，我们都习惯了要用事实说话，回想一下你哪次开完会后对刚才看到的 PPT 赞不绝口？如果光靠 PPT 就能够激励别人，赢得信任，获得支持的话，那我们只需要把 PPT 打印出来发给别人就行了。图表数据固然重要，但再多的数据也无法激发出情感和感受。没有心动就很难有行动。（No emotion，no action.）

美国脑神经科学家保罗 · 扎克做过这样一个实验，他将参与者分为两组，每人给 10 美元的报酬，然后让他们先看一个短视频。视频中的主人公是个父亲。在实验组的视频里，父亲对着摄像头讲述，背景是个三岁的男孩儿在活蹦乱跳。这位父亲说："本患有脑癌，已经做过两轮的化学治疗，现在很高兴。可是，他完全不知道，自己的生命就只有 6 个月了。想到孩子就只有 6 个月生命了，我很难受。不得不去思考，生命的意义是什么，如何活好当下的每一天。每次想到明天我和本还能一起做些什么时，我心里就充满了力量。"

对照组的视频就只是陈述本患有脑癌，他的生命只有 6 个月了，然后在播完本和他爸爸去动物园看动物就结束了。

看完视频后，科学家请大家拿出实验报酬的一部分捐赠给本的父亲。你猜哪一组捐得多呢？毋庸置疑，当然是实验组。实验中，扎克博士通过验血发现，实验组的人在观看视频的时候体内

被激发出两种激素，一种叫皮质醇，是由紧张和压力激发出来的；另一种叫催产素，是由爱和信任激发出来的，能够促进对别人的共情。

第一个视频有两个关键环节，都是跟这两种激素有关的。第一个环节是观众看到爸爸说，想到儿子要离开他，满脸绝望的时候。那种心里一紧的感受，激发了皮质醇。你猜催产素是在哪一个环节被激发出来的？是当父亲觉悟了，认为自己要坚强，然后走出黑暗时。这两个环节其实就是故事里的“冲突”和“解决冲突”。所以这就是为什么我们说“无冲突，不故事”，因为只有冲突和解决冲突能够激发情感。

顺便科普一下，催产素是一种肽类激素，由垂体后叶分泌，它并非女人的专利，男女均可分泌。听到别人遇到困难，人们就会下意识地希望那个人能够克服困难，这是人之天性。研究表明，世界上 95% 的人都是能够产生催产素的，对这些人来讲，比起冷冰冰的事实和数据，一个带着情绪和温度的故事，更能够引发共情。剩下那 5% 无法产生催产素的人，估计就是传说中的铁石心肠的人了。

为什么故事能提高信任度

人会产生怀疑的情绪，这是我们作为人类的自我保护机制。英

国大诗人塞缪尔 · 泰勒 · 柯勒律治曾说：“当我们进入故事世界的时候，一切都变得不一样了。我们会自愿放弃怀疑。”研究表明，讲故事能将你的信任度从 30% 提升到 70%。这是因为故事承载了很多情感价值，能够让你放下评判标准，去接受一个对你来说可能是未知或者是曾经不认可的事物。

我之前有个朋友，曾经是苹果公司的忠实用户，每次苹果开新品发布会，她都会凌晨守在电脑前。对于国产手机，她一直是看不上的。可是 2018 年年底的时候，我们见面吃饭，我惊讶地发现她在用华为手机。我问她：“发生了什么，竟然能够让你放弃苹果？”

她回答说：“一个广告片。你也知道我小时候住在爷爷奶奶家，一直学舞蹈。虽然最后没有成为舞蹈家，但我之所以能够成为现在的自己，一直靠的都是他们给我的精神力量。我看到那个小姑娘学钢琴的广告时，哭了快半个小时。我想我是想爷爷奶奶了。第二天逛街经过华为手机店，鬼使神差地就去买了个新手机。买完后发现，其实还挺好用的，于是就成功成为‘花粉’了。”

纽约大学社会心理学家乔纳森 · 海德特曾经说：“人类大脑是故事处理器而不是逻辑处理器。”一个强有力的故事，能够激发我们的情绪，我们在做抉择的时候，大多靠的不是推理，而是直觉。故事激发的恰巧就是你的直觉。

小结

所以，如果让我用一句话总结为什么要讲故事，那就是：因为故事比事实更招人喜欢、更有力量、更能吸引人的注意，也更能激发情感。这就是为什么《福布斯》杂志上曾有过一个震撼人心的头条——《为什么讲故事？很简单，别的都不管用》。

美国有一句谚语，叫作“Those who tell the stories rule the world”。中文含义为：那些会讲故事的人将会统治世界。当然，并不是每个人都想统治世界，我们能影响自己周围的环境就好了。用什么来影响呢？用你的人格魅力和你的价值，故事就是用最吸引人的形式来包装你的魅力，呈现你的价值。这就是我们这本书想要帮你实现的。

人活着就是在讲自己的故事。用故事讲出你的影响力，把自己活成一本畅销书！

小练习

请用“因为 + 但是 + 所以”的故事结构，给你身边的人讲一个最近发生的小故事吧！

第 2 章

故事影响他人背后的科学道理

我们无法通过智力去影响别人，情感却能做到这一点。

——亚里士多德

多年前，我刚从美国回到北京工作，接手一个团队，不久就发现团队里有一个特别能干的女同事叫小雯，她技术能力强，又好学，态度也特别好。然而我很纳闷为什么她的级别比起她的能力和贡献都偏低？结果我被老板告知，因为这个员工英语不太好。我当时心想，你们这帮外国人都是什么逻辑啊？不管黑猫白猫，能捉老鼠的就是好猫！能出业绩就是能力！所以我就跑去跟美国人理论了，然后我的这位被“雪藏”了5年的下属就顺利地被提拔了。后来大家都跑来问我：“你究竟跟美国人说了什么？”

嘿嘿，我什么也没说，讲了个故事而已！

故事的背景是这样的，当时我的团队负责公司亚洲地区好几个国家（中国，印度，日本）分公司的一个企业管理信息系统的上线，我的这位下属负责和用户谈需求。有一次，我和老板谈到项目进展的时候，我是这样说的：“哎呀，我们前一阵去日本做项目的时候，发现日本团队太不好应付了！白天开会的时候，我们问他们对需求有什么意见，他们都点头说没意见，可到了让他们在需求表上签字的时候，他们又都不签，说不符合他们的需求，严重影响我们的上线进度，把我们都急死了！”

老板问：“那后来呢？”

我：“嗨！后来啊，多亏小雯一个一个地和用户沟通，她虽然英语不好，但日本用户的英语也没强到哪儿去，所以英语不是重点。重点是她特别有耐心和同理心，让用户感到被关注。而且，因为她对系统特别熟悉和了解，所以她最后找到了一些非常巧妙的办法满足了用户的需求，而且还不需要额外把系统客户化，不但解决了大问题而且还没多花钱！”

老板：“真是太棒了！”（哪个老板听到省钱不会说太棒了？）

我：“接下来我们还要去印度。我听说印度当地的法规非常复杂，估计印度的用户也不好应付。我觉得咱们得重用像小雯这样的人才——既懂技术，又善于和用户沟通！”

就这样，我很快就把美国人说服了。其实，我当时讲的比这个精彩多了，鉴于篇幅有限我就不展开说了。不过可以肯定的是，如果我没讲这个故事，就死乞白赖地跟美国人争论小雯的英语水平，或者拿黑猫白猫理论跟他们讲道理，那就一定没有后来的结果了。由此可见，有个会讲故事的老板多重要！

你可能会问，职场上难道不是要靠摆事实，讲道理吗？为什么要讲故事呢？故事是如何实现影响的目的呢？

决策的产生并不是你想象的那样

首先咱们先来看看现实生活中的决策都是怎么来的。我们的世界变得越来越复杂，人们接收的信息越来越多，在这样一个复杂的世界里，想要单纯靠数据和事实这种线性的分析去说服别人，且不说你能不能讲明白，就算是你讲明白了，在你讲的这会儿工夫，别人说不定早就被更有意思、更幽默风趣的人吸引去了。谁的话听起来更有道理，更有趣，谁就更有话语权，这就是不争的现实。

每天，职场上很多决策都不是非黑即白，非此即彼那么绝对的。给谁升职加薪，买哪个销售的产品都有很多不确定性。当决策者面对不确定性因素时，大部分情况下会用直觉来填补这些未知。直觉就是一种“感觉”，并不是思考出来的。事实上，很多时候我们只不过是用数据和事实来证实自己的直觉。

美国得克萨斯大学市场营销教授拉杰 · 拉纳森做了一个很有意思的实验。他给一群受试者看了两张照片：一只肥硕的母鸡，一只瘦弱的公鸡。然后将所有人分为两组。

他告诉第一组：胖鸡是自然散养的，更健康，但是不好吃；瘦的鸡是经过基因培育的，虽然不健康，但是很好吃。然后告诉第二组：胖鸡是经过基因培育的，好吃但是不健康；瘦鸡是散养的，虽然不好吃，但是非常健康。最后他问所有的受试者：你选择吃哪一只？

你猜，大家都是怎么说的？

绝大多数的受试者都选择了胖鸡，但这还不是最有意思的结果。教授接着问他们：为什么呢？

第一组说："因为健康比味道更重要。"

第二组说："因为味道比健康更重要。"

其实，大家都心知肚明，他们是因为喜欢胖鸡的长相才选择它的，谁会喜欢吃一只瘦弱的鸡呢？然而这是一种感觉，所以他们压根儿不提，还用自以为合理的解释去配合说明自己的选择。他们明明是用心做的决定，说出来的"走脑"理由只是为了给自己的决定找个合理化的解释。

那么回到工作中呢？你用数据解释 A 方案比 B 方案好。你老板却提出其他奇奇怪怪的理由证明 B 方案更好或者索性说"让我再考虑考虑"，结果这一考虑就没下文了。现在你知道为什么了吧？因为你总想着用数据和事实说服他的"脑"，却并没有打动他的"心"。

由此可见，现实生活中的决策其实并不是像你想象的那样，完全靠数字、事实和道理得出。那么故事是如何产生影响的呢？

想要影响他，先得吸引他

为什么之前没有人能说服总部的领导给小雯晋升，我讲了个故事却可以呢？并不是我有多聪明，而是故事本身很聪明。这看似短时间内发生的决策，其实背后蕴含着好几个元素，且这些元素缺一不可。

20 多年前，我在申请美国的工商管理硕士的时候，我当时在新东方的老师相信大家都认识，他叫俞敏洪。我到现在还记得当时老俞操着那浓重的江苏口音说："招生官在每份申请材料上花的时间不会超过两分钟，所以你写的申请材料必须能从茫茫人海中跳出来，让招生官注意到你。"

的确，无论是相亲、面试还是申请学校，影响他人的第一步就是要能吸引他们的注意力。根据微软公司 2015 年的一份调查，成人平均的注意力广度从 2000 年的 12 秒降至 2015 年的 8 秒。推算下来，现在估计更短，因为越来越多的社交媒体平台分散了大家的注意力。国外的一份调查报告显示，普通人平均每天会看 150 次手机。所以当你在做工作汇报、产品介绍的时候，你的竞争对手不是别人而是听众的手机！

那么这个时代要靠什么来吸引别人的注意力呢？图表、数据、PPT 吗？在美国，平均每天产生 3 000 万张 PPT，约合 2.5 亿美元的时间成本。这还是 10 年前的一个统计数字，现在肯定更高。就在你读这段文字的时候，全世界成千上万的 PPT 又诞生了。

故事在吸引人的注意力方面有着得天独厚的优势。我们从小就会缠着家长说：“妈妈，求求你了，再给我讲个故事吧。”你什么时候听说哪个孩子会缠着爸爸妈妈说：“求你了，给我讲个 PPT 吧！”

在刚才小雯的例子里，我深知别说给老板做个 PPT，就是我一开口说“老板，咱该给小雯晋升了”，估计他听着就烦，所以我索性先不提晋升的事儿，而是讲个故事吸引他的注意力。

画大饼 vs 挖大坑：故事创造想象空间

接下来我给老板讲小雯在日本做项目时遇到的挑战，以及她是如何克服挑战并最终解决问题的故事。我这样讲仅仅是为了让老板知道她多么能干吗？如果是这样的话，那我就直接告诉他最终的结果就行，为什么还要绘声绘色地描述这个过程呢？

因为结果是个事实，而过程是个故事。事实很难触发想象，而故事可以做到这一点。我们之所以能对未曾发生的事物进行推测和判断，靠的就是想象。都说“一图胜千言”，一个好故事就是很多图像串起来的。故事讲得越好，画面感越足，想象的空间就越大。我需要让老板想象一下，小雯在接下来的其他项目中将如何帮助我们实现目标，少了这样的一个人，有可能会有什么样的损失。激发积极的联想是画大饼，激发对不利因素的恐惧是挖大坑。无论是大饼也好，大坑也罢，都是人想象出来的未来有可能发生的情境。没有这样的想象，你的影响力就只能停留在它的票面价值上，无法激发出更深、更广的能量。

当然，在影响他人的时候，根据不同的受众、不同的目的，我们需要采取不同的策略。并不是所有场景都适合用故事来影响。你需要先对当下的情境（包括涉及的人和事）做一个判断：在这个情况下，是应该摆事实、讲道理，还是应该讲故事？

什么对事不对人？决策对的就是“人”

在上一章我们讲过，有力的故事能够激发皮质醇和催产素，让听的人产生情绪。为什么情绪对于做出决策这么重要呢？故事又是如何帮助我们做出决策的呢？

首先，决策基本都是带着不确定性的。如果一切都是已知数，很明显就只有一个选项，那就不算是一个决策了。当你面对不确定性因素时，通常是怎么做决策的呢？用 Excel 表格做比对分析表？然后呢？有一次我买房子的时候，在两个房子中间举棋不定，我就真的列了个表格，分别把好处、坏处列了一遍，但是最后做选择的时候还是选了那个最喜欢的。其实绝大部分人都会用直觉来填补这个未知数。

美国南加利福尼亚大学的脑神经科学家安东尼奥·达马西奥曾经做过这样一个实验。受试者都是大脑管理情绪的部位受损伤的患者。他们被邀请在路边选择一家餐厅吃饭。如果没有看过餐厅评价，在路过一家餐厅考虑要不要进去吃的时候，正常人一般会直接根据餐厅的就餐人数多少、环境好坏等来做决定，而这些患者就会反复思考所有的利弊：

> 呃，这家餐厅人太少，那应该菜品不新鲜，口味也不好。
>
> 嗯，那家餐厅人太多，那可能上菜速度慢，服务质量也不好。
>
> ……

最后他们很难做出决策。这个实验说明：决策离不开情绪。

总之，这些患者很难做出在哪家餐厅吃饭这样简单的决策。因为他们受损伤的大脑找不到一个依据来决定什么对他们是最重要的。在不确定的情况下，他们无法说出“我觉得这家餐厅可以试试”，所以只能一直在事实中间打转。因此，能够让人迅速做出决策和判断的，其实是“情绪”。因此，想要影响他人做出决策，就需要激发他的情绪而非仅仅依赖事实。

正如我之前跟老板讲述小雯故事的时候，我通过对印度项目的困难加以描述，刻意制造了想象出来的紧张和恐惧。老板最后做出决策，其实不只是基于对小雯能力的客观判断，更多的是认为："天哪，这么复杂的局面，还是得让一个有经验、信得过的人来处理。既然她之前做得不错，那就她了！"

工作中，我们常常说我们都是"对事不对人"，可是选人用人、升职加薪的时候，往往都是对人的。两个销售经理，绩效都是 1 000 万元，如果要选择一个人升职，你说老板会选谁？当然是选那个印象深、感觉好的，换句话说就是"我们觉得有潜力的"。故事往往就是最能激发老板的想象力，让他们看到员工潜力的方式。

故事树立了观点，又不点破观点

我们的每一个决策，无论大小，都是过去的经验、成长背景、习惯和偏好的综合体现，当你试图说服别人的时候，就是在用自己的观点挑战别人过去的经验、成长背景、习惯和偏好，那谁会乐意？

比如在小雯的例子里，之所以总部的老板不愿意给她晋升，肯定是因为在他们过去的经验中，英语不好的人是无法胜任更高级别的工作的。如果我针尖对麦芒地试图说服老板，那就必须要挑战他的这个经验假设。

我没有那么做，而是选择讲一个故事让老板自己得出一个结论："哦，原来英语不好的人也是有可能胜任高级别工作的。"所以说服他人做出决策是一个"推"的策略，讲故事则是一个"拉"的策略。好的故事能够树立一个鲜明的观点，又不点破这个观点。从头到尾我都没有提过"英语不好也可以胜任"这个观点，只是让故事触发了想象，带领老板产生情绪，因而让他自己得出这个结论。这就展现了故事是如何影响他人做出决策的（见图 1）。

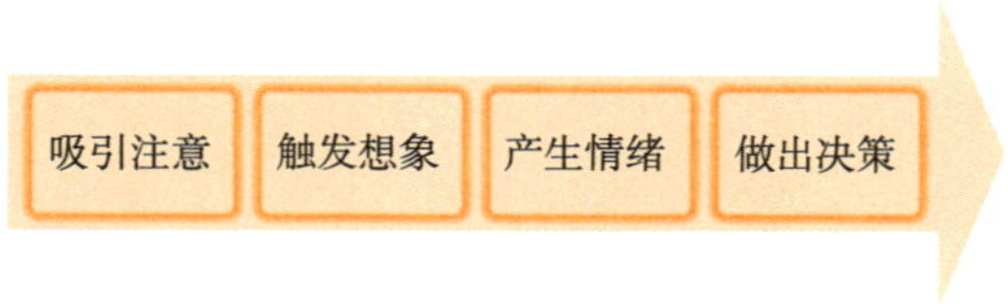

图 1　故事如何影响他人做出决策

小结

我们中国人常说没有什么是一顿饭不能搞定的，一顿不行就两顿。其实，搞定他人的真的是那几顿饭吗？谁差那顿饭呢？真正起作用的并不是那顿饭，而是大家在杯酒之间讲的那些故事，说的那些笑话，这让彼此拉近了距离，建立了信任。一个好的故事，能够吸引别人的注意力，激发他们的想象力，充分调动情绪，并且在润物细无声中让对方做出决策。

请学会讲一个打动人心的故事，而不是干巴巴地罗列数据，或者说一些陈词滥调，那会让你的沟通更令人印象深刻，也更有说服力。

小练习

生活或工作中，有没有哪个人和哪件事是你特别希望能影响的？针对这个人、这件事，你觉得如果你要讲一个故事，是“画大饼”的故事更适合，还是“挖大坑”的故事更适合？

第3章

好故事的3大标准

好故事就像人生，只是删掉了无聊的部分。

——希区柯克

一个好的故事，总是能够在第一时间就把听众的注意力牢牢地抓住，然后润物细无声地传达你想要表达的观点。故事不难讲，讲好却不容易。不论是我们曾经教过的高管，还是我们讲故事训练营的学员，想要打磨出一个引人入胜、深入人心的好故事，一定需要不断地修改和练习。这一章，我们就来看一看，什么样的故事才算是好故事，好故事的 3 大标准是什么。

清晰：没听懂都是白搭

我的导师，1999 年世界演讲冠军克雷格 · 巴伦蒂内[①]曾经跟我说过，90% 的演讲问题都在于清晰度。我当时听了觉得，有这么

① 克雷格 · 巴伦蒂内（Craig Valentine），世界演讲冠军，演讲培训机构 Speak and Prosper Academy 创始人，著有《世界级的演讲》（*World Class Speaking in Action*），高琳和 Hubert 的演讲导师。——作者注

严重吗？难道不是肢体语言、舞台表现这些问题吗？然而当我真正开始做演讲教练的时候才发现，原来能把故事讲清晰真不是那么容易的一件事。

Hubert 曾经有一个高管客户，是个德国人，他要去一个行业峰会在他客户、同行和政府人员面前做一个 18 分钟的演讲。在这个颇有技术含量的演讲里，他既要宣传自己公司的产品多好、多牛，又要照顾到同行的感受，还得感谢政府，的确非常不容易。

他第一次从上海飞来北京给 Hubert 试讲的时候，足足讲了 40 分钟，Hubert 听得云里雾里，都不知道他到底想要表达什么。为什么呢？这位客户想要表达的太多了！整个演讲显得散乱不清晰，最后却什么也没表达清楚。在我们用故事模型帮他梳理出一个清晰的脉络之后，整个演讲立刻精简了一半。

所以好故事的第一个标准就是清晰，听众没听明白，说再多的内容都是白搭！想要让别人精准地理解你想讲的观点，你必须把故事讲得很精准，这包括精准的目标、精准的逻辑、精准的表达。任何一个故事，无论是关于一个人的还是关于一个品牌的，都应该有这样三个层次：表现形式，表现内容，价值观（内核）。表现形式和表现内容都是服务于主线的，也就是为表现价值观而确定的。

首先，要有精准的目标。迪士尼的首席创意官约翰·拉萨特说："你在构思故事的过程中，情节可以做大的调整，人物和背景也可以随时改变，唯一不能变的是故事的核心，因为它为其他的一切奠定了基础。”然而，很多讲故事的人一开始就没有想清楚核心观念。

我在英国念工商管理博士的时候需要写10万字的论文。这可真是难住我了，我把自己写烦了不说，教授都看晕了。有一天，教授把我叫到她办公室后问我：“Lin, where is the red thread？”（你的那根儿红绳在哪儿呢？）然后接着说：“你想表达的整个内容需要有一条主线，其他的内容都是上面的珍珠，但如果没有那根‘红绳’，所有的内容就都是散的。那根‘红绳’，其实就是你想要表达的中心思想。”

所以，想要把故事表达得清晰，最关键的一点就是要有一条主线，也就是说明你想要表达的目标是什么，要通过什么来实现这个目标。

其次，要有精准的逻辑。我曾经采访过很多国内和国外的高管，我问他们：“你觉得我们的员工在表达上，最让你们着急的是什么？”答案是：“啰唆。”很多高管，尤其是国外的高管都感觉中国员工的表达特别啰唆，半天说不到重点。这当然和英语水平有关，但老实讲，我发现英文讲得啰唆的，中文也清晰不到哪儿去，因为这和表达者的逻辑思维能力密切相关。

在你试图影响他人想法的时候，不能将信息一股脑儿都丢给听众，指望他能跟着你的思路走。听众不是你肚子里的蛔虫，他们不清楚你的故事发生在什么背景下，比如当你在解释一个技术产品或者做路演的时候，你和听众的认知差异很大。在这种情况下，你需要带着听众一步一步跟着你走，就像征服一座山一样，去征服他们的认知差异。

对故事来说，将其逻辑简化的一条重要原则就是：一个故事，只表达一个观点。如果你有多个故事要讲，你就需要先理清你的“红绳”，也就是你整个沟通过程想要达成的目的。然后罗列出每一个故事需要表达的观点，以及这些观点如何支持你达成沟通目的。最后根据逻辑关系，将这些故事有序地串起来，层层递进，让它们成为你红绳上的“珍珠”，而不是一盘散珠。

最后，要有精准的表达。语言表达的目的是什么？是沟通。是让听者能够准确地理解你想要表达的内容和观点。很多人在讲故事的时候喜欢用官话、套话、大概念、技术名词，以及一些自己创造出来的词，以显示自己的专业度。这些词看似专业且高深，然而如果听众听不明白，你这个表达根本就是无效的。维珍航空公司的理查德·布兰森曾经说：“如果某件事不能在一个信封背面的范围内解释清楚，那它就是垃圾。”

所以用简单的语言精准地表达才是关键。然而“简单”不等同于“容易”，简单化可能要比复杂化更难，你需要让自己的思维非常清晰，才能让事情简单化。这就是为什么讲好故事需要左右脑相结合。

几年前，我去参加中国美国商会的一个圆桌会议，当天的主题是产能过剩。参加会议的有各行各业的专家，大家都列举了各种大数据来证实产能过剩的问题。当时，有一个演讲嘉宾讲到水泥产能过剩的问题时是这么说的："如果我告诉你们我们过剩的水泥有多少亿吨，你们也都没概念。我这么说吧，如果用这些过剩的水泥来建高速公路，那么，这条路可以绕地球4圈。"

是的，我和场下的观众和你现在的表情是一样的，下巴都快掉下来了。

不久前，我的好友、盖茨基金会中国区负责人李一诺在"一席"的演讲中讲到基金会的钱都用到哪里的时候，她是这么说的："2000年，全世界5岁以下儿童的死亡人数是1 200万，这个数字到底有多大呢？现在世界上客运量最大的空客A380，坐满时能承载550人。如果今天有个新闻说，一架满载着儿童的A380失事了，乘客无一幸免，那肯定是个惊天的大新闻。1 200万换算到每一天是什么概念呢？这就意味着这个世界上，每一天就有60起这样的事故发生。其实这1 200万孩子里，有2/3的死亡是可以避免的，靠什么？疫苗！"是不是感到震惊？

你看，不用庞大的数据和精准的专业名称，而是借用修辞手法，比如通过类比、比喻这样的修辞手法，也可以让我们把复杂的概念变得浅显易懂，深入浅出地解释一些复杂的问题，有效地表达自己的思想。

总之，想要把故事讲得清晰，最为重要的，是要明确地知道自己想要给观众传递什么样的信息。我们要以终为始，构建一个故事，并且用最简单直白的语言和一些修辞手段来表达这个思想。故事里面的任何情节、细节描写，都是为表达中心思想服务的。

好奇：让听众一直追问“后来呢”

回想一下你在公司开会时听的那些无聊的汇报，是不是说话的人一开口你就已经知道结果是什么了，PPT 做得再炫也不能激起你的好奇心？然而再回想一下你看过的电影，那些扣人心弦的情节，是不是让你一直在想：“后来呢，后来怎么样了？”此时如果有人胆敢给你剧透，你一定想要拿个口香糖让他住口。所以，一个好的故事一定要能激发起别人的好奇心。激发好奇是好故事的第二个标准。

在这个注意力超级匮乏的时代，这恐怕是最难做到的。我认为，一个管理者，级别越高，他的注意力广度越短。不是因为他们缺乏教养，而是因为他们要考虑的事情太多了。如果你一开口，不能在几分钟或者几秒钟内迅速抓住他的注意力，他的脑子就飞到别的更紧急更重要的地方去了。

人类的大脑就是一只能量小猪，当没有外界刺激的时候，它就习惯性地进入舒适模式。所以在讲故事的过程中，要不断制造冲突和出乎意料的转折，才不会让小猪缩回去睡觉。情节越曲折，故事越引人入胜，也就越有可能点燃听众的激情，抓住听众的心，让他们的屁股黏在椅子上。

那么，问题来了，如何让别人产生好奇呢？

美国著名的经济心理学家乔治·勒文施泰因解释说：“好奇心

来源于‘认知差距’。当一个人意识到自己的‘认知差距’时，就会产生对信息的饥饿感，这就是好奇心。”

说白了，其实就是要给人制造十万个“为什么”和十万个“后来呢”。很多人的故事之所以讲得无趣，是因为他们太急于抖包袱、给答案，听众积累的好奇心还不够。当然，听众需要对你给出的问题有一定的认知，如果对方连思考的头绪都没有，那就没有动力对它感到好奇。这就是为什么在开始的时候，背景信息的铺垫极为重要。要让对方知道足够的信息，让他感觉到只要他多思考一点，多知道一点知识，就能弥补这个差距，那他就会更好奇你的信息。

除了“知识差距”，好的故事还需要有价值观层面的冲突和挑战。当故事讲的是无关紧要的琐事时，即使有冲突，听众也不会关心。真正有意义的故事需要让听众感觉到他们所关心的价值观受到挑战。

就像每次家庭聚会的时候，我家的那些亲戚总是会讲一些东家长、西家短的故事，一群老太太一起，绘声绘色、起承转合，就差演出来了。可是我从来都是左耳进，右耳出。直到某一天，她们谈到了一个远房亲戚家的孩子，他父母离婚时只想到自己今后是否方便再婚，都想把 5 岁的孩子推给对方。我立刻就竖起耳朵问：“后来呢？那孩子怎么样了？”故事主角的做法简直就是刷新了我的认知，颠覆了我的三观，为人父母怎么可以那么自私呢？不想要，当初为什么要生下孩子？

所以你看，人们感兴趣的一定是自己关心的且不那么容易理解的事情。这种认知和价值观的差距可以是正向的，让听众感叹：“天哪，还可以有这样的事！”也可以是负向的，让听众感慨：“天哪，世上怎么会有这样的人！”

共鸣：没有共鸣的故事都是“自嗨”

我有一个客户，他是某500强公司的中国区总裁，当时要去一个高校做宣讲。他首先从自己的经历谈起，讲到他当年以省状元的身份考进清华，后来又作为改革开放后最早的一批公派留学生去了美国，进入麻省理工学院学习，学成回国进入外企，最后做到中国区总裁。他的宣讲总结起来就是：学霸的一生是如何炼成的。

我问客户公关部负责人：“那你老板讲完效果如何？”公关部的人说，学生听完以后都感叹道：你老板真是个天才！我当时就心想：“完了，这故事没讲好啊！”你想想，这个演讲的本来目的是什么？是要激励同学努力学习，要打鸡血啊。可老实讲，你真的会被天才经历激励吗？天才有几个？一般人会想，反正你是天才，而我就是个普通人，你再牛跟我有什么关系？

每个人其实都活在自己的故事里，如果你想让别人对你讲的东西有反应，那么你的故事和他的故事要有交集才行，否则你们就是在两个平行的世界里对话，没有任何联结。

一个好故事一定是能让听众感同身受的，当故事中的人物是听众所关心的，当听众边听边想“嗯，我也曾经有过这样的感觉”或者“摊上这种事儿，如果我是他，我会怎么做”，这个故事才有冲击力，才有意义，否则就是“自嗨”。

听众通常更愿意和他们喜欢的角色建立联结，也更容易对主人公所经历的苦难产生深深的认同感，毕竟我们大部分人都是平凡人，都不完美。这就是为什么漫威的英雄能够成为我老公、我儿子两个完全不同时代的人的偶像，因为每一个平凡的男孩和女孩，都希望自己在苦难中变得强大，成为万人瞩目的大英雄。

所以，建立共鸣的第一点，就是要放弃完美的自己，通过故事去回溯自己曾经的苦难和脆弱。你从平凡走向不平凡的方法，才是对听众有用、有吸引力的。建立共鸣是好故事的第三个标准。

另外，如果故事讲得太深奥，脱离人们的日常生活，那观众也很难被吸引。所以我在上课的时候总是举我儿子的例子，举我妈的例子，谁还没有个不听话的孩子和啰唆的老妈呢？

小结

如何定义一个好的故事？首先，它一定是引人入胜、全程无尿点的，带着听众又哭又笑，最后散场之后，听众都能够悟出道理，带着自己的收获回家。这样的故事必定要讲得清晰，让听众能够轻轻松松听明白；其次，好故事需要冲突不断，紧紧抓住听众的好奇心，让他们一直问“后来呢”；最后，好故事一定要能够引发听众的共鸣，让他们从心底认同：我们是心有灵犀的，你讲的完全就是我想要听到的。

小练习

对你来讲，以下哪个讲故事的能力是最有挑战的？

- 讲得清晰，让听众精准地理解你想表达的
- 讲得让人好奇，一直追问“后来呢”
- 讲得有共鸣，让人感同身受而不是“自嗨”

第4章

掌握故事的6大要素，张口就可以讲出故事

一个故事没有起点也没有终点，它只是从某一个瞬间去追溯或展望。

——格雷厄姆·格林

自从我和 Hubert 一起创业以来，很多人问我们，到底什么样的婚姻才是一个好的婚姻？为什么大部分夫妻创业都会争吵，而我们还能成为大家眼中的神仙眷侣（其实我们也争吵的）？几年前，Hubert 就在他所在的头马演讲俱乐部分享了我们“婚姻的秘密”。他的故事是这么讲的：

1996 年，我去读工商管理硕士。第一天的开学典礼上我就认识了高琳，毕业典礼的第二天我们就举办了婚礼。准备婚礼的时候，我们俩都还没开始工作，就是两个穷光蛋。在美国结婚其实也挺花钱的。

一天我带她去逛商场，看戒指。售货员拿出一排戒指，都是一克拉以上的钻石。我没钱，但是也不希望新婚妻子觉得我抠门，我只能压低声音问售货员：“有没有再小点的，再小点的？”

最后我不好意思地跟高琳说：“亲爱的，你知道我最爱你什么吗？就是你的手又小、又细、又精致，我觉得，配一个小一点的戒指会更好看。”

我眼前这个又黑又瘦的北京姑娘，想都没想就说：“戒指有一个就行，我觉得咱们这个阶段省钱更重要。”我一听，心里乐了：“果然是我看中的媳妇儿，竟然跟我一样抠门。三观跟我很配嘛！也很善解人意，跟她在一起，我都不用装。”

于是后来我们去买婚纱的时候，老板娘拿来当季新款，高琳压根儿不管什么面子，直接问：“你有没有去年的款？便宜点儿的。”老板娘拿来一套，我们俩一看，都觉得挺漂亮的，它还打三折。不过，它少了很重要的一个配件——面纱。

高琳又说：“哈，这无所谓。咱们自己做。”于是她在手工店花了10美元买了纱和塑料珠子，自己一针一针缝了大半天，还扎了自己的手好几下，最后还真做好了一个漂亮的面纱。

所以如果你问我，婚姻的秘密是什么？我会说：“必须有同样的价值观，只有这样，两个人才能做自己。当两个价值观一样的人在一起的时候，‘我’就成了‘我们’。人生多有不如意，当遇到困难的时候，我们会一起去寻找方法克服困难。”

好！“八卦”看完了，咱们来看看这个故事里都有哪些要素吧。首先，在故事的开头，我们需要交代一下人物和背景。在这个故事里，人物和背景就是我们这一对儿想要结婚的穷学生。接下来就需要引入故事中的冲突：我们想要结婚，可是没有钱。作为丈夫，Hubert 希望在省钱的同时保住自己的面子。为了突出冲突，还会增加一些对话。有了冲突就势必要解决冲突，这通常是电影里的高潮部分。在我们的故事里，当然就是我善解人意地接受了小小的戒指，还亲自动手做面纱。结婚嘛，和谁结比穿戴什么结更重要。最后在结尾，还需要给听众一个结论或者升华：婚姻的秘密就是——“我们”和共同的价值观。

你看，这就是一个故事的 6 大要素：人物，背景，冲突，高潮，对话，结局（见图 2）。

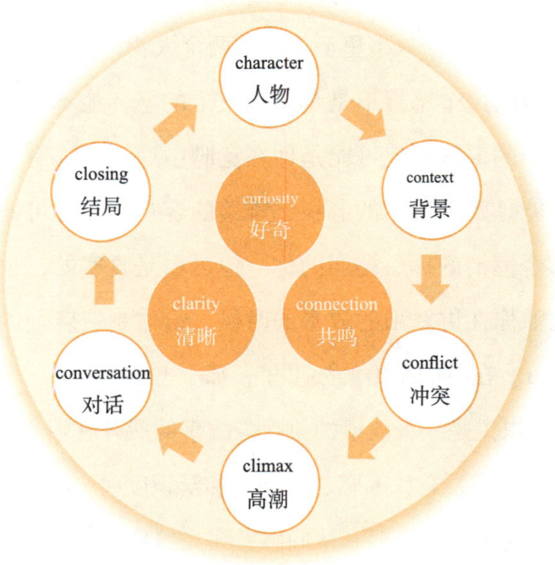

图 2　好故事的 3 大标准，6 大要素

接下来，我们看看这6大要素是如何在故事中体现出来的，又有哪些需要注意的地方。咱们先分解来看，这就像先逐一精通管弦乐队的各种乐器，然后在后面的场景章节中练习整体合奏，最后才能演绎出美妙的音乐。

人物需要有代入感、认同感和辨识度

通常来讲，一个故事里至少会有两个人物，一个是英雄，一个是恶棍。当然这个恶棍不是真正意义上的恶，他不过就是那个给你制造麻烦的家伙，他可能是你在竞聘中遇到的强有力的竞争对手，也可能是要求苛刻的老板、难缠的客户，还有可能就是你自己——那个懒惰的你、懦弱的你。他可以是真实的，也可以是虚拟的，比如你在讲登山的故事的时候，给你制造麻烦的恶棍可能就是老天爷。在我们结婚的故事里，那个恶棍就是——穷！

人物可以说是一个故事的灵魂。故事的展开有赖于对人物的刻画，因此人物需要有代入感、认同感和辨识度。

怎样才能塑造代入感和认同感？我先给你们介绍一部我最喜欢的电影《功夫熊猫》。按理说，我们作为普通人，和动画片里的一只熊猫差着十万八千里。可是为什么你看电影的时候，总觉得我就是阿宝，阿宝就是我呢？

因为越平凡、越脆弱的角色，就越容易让人联想到自己。这也是为什么好莱坞电影里的每一个超级英雄，一开始都是一个不起眼的平凡人。所以，你在讲故事的时候，只有把那个主人公，也就是你自己放低，放到听众的立场上，才能让听众觉得："嗯，他懂我，他和我一样。"

只要你让听众有了代入感，认同感就顺水推舟地来了，因为每个人都会认同"我也是"的事情。

那辨识度又是什么意思呢？

你先猜猜《红楼梦》里有多少个人物？据红学家研究，有 700 多个人物，其中有名有姓的就有 452 个。你能想起来的人物，都有哪些呢？是泼辣的王熙凤，多愁善感的黛玉，还是一进大观园就满嘴段子的刘姥姥？这么多人物，让每一个人物都活灵活现，靠的就是对不同人物特性的塑造。

那么在你的故事中，你也需要让人物"活"起来，这样才能在别人脑海中留下印象。你说你老板特别严苛，那你老板长什么样？骂人的时候有多凶？你说客户特别难缠，他是男的还是女的？究竟有多难缠？这些都是增加人物辨识度的描述。这样，你讲完才能让人记得住，想得起。

你看，我在 Hubert 的故事里，就是那个又黑又瘦，手又细又小的北京姑娘，就算没见过我本人，你应该也在脑海中大概勾勒出了我的形象（现在我还黑但不瘦了）。

背景要占整个故事多少比例才算正合适

一个故事的背景包括：时间，地点，人物关系，与冲突相关的信息。在讲如何描述背景信息前，我想先让你想一个问题：看一部电影的时候，通常看到第几分钟，你还没看出个所以然，你就不耐烦了？差不多十几分钟，最多20分钟对吗？对一个两小时的电影来讲，20分钟就是全场的1/6。

太多的背景信息显得啰唆，半天都不能切入主题，容易让听众走神。但如果背景铺垫得太少，也不能为后面的情节发展做好充分准备，所以背景的铺垫要不多不少正合适。那多少才是合适的呢？好莱坞剧作家克里斯托弗·沃格勒在总结了上百部好莱坞电影后指出，15%是一个相对不多不少的比例，即电影开始的前15—20分钟通常是用来铺垫背景的。假如你给老板做一个10分钟的汇报，那背景顶多占1分30秒。如果你给面试官用2分钟讲一个自己过去的经历，那背景顶多占20秒。

那么在短短的时间内，你需要铺垫什么信息，才不会让听众觉得摸不着头脑呢？

第一，时间。宏观时间代表当时的社会文化背景。这会影响到故事中人物的动力、目标和行为，也能够解释科技的发展。比如我之前讲的我的面试故事，如果没有交代清楚是20年前发生的事情，你一定会奇怪：我为什么不给老板打电话、发微信呢？

第二，地点。当然，这里的地点指的是事情发生的重要场景，而不是具体的地理位置细节。比如你说，你在公园带着孩子，突然一个大人跑步过来把你孩子撞倒了。你是在北京的朝阳公园还是南湖公园，其实不重要。但如果是美国的公园，这个故事的主线走向很可能就不一样了。

第三，人物的关系。比如你告诉我，你今天非常生气。那么惹你生气的，是你的老公，你们家孩子，还是态度恶劣的老板？其实你要讲的都是不同的故事。

第四，与冲突直接相关的信息。比如我在讲当年我和 Hubert 去英国读在职工商管理博士的故事时，我会说当时我们一个班一开始有 20 多个人，都是高管、CEO（首席执行官）或者咨询顾问等精英人士，还有一个英语特别糟糕的温州商人，大家心里都觉得：这人是来干吗的？然而 7 年后去参加毕业典礼的就只有我们 3 个人—— 我、Hubert 和那个温州商人。如果我没有前面的背景铺垫，你就很难体会我们这个博士念得多艰难！那个英语特别糟糕的温州商人又是多拼才能念下来，多让人佩服！所以，对背景的描述直接决定了听众对后面冲突的理解和感受。

冲突的 3 个层面决定了故事的立意

在有了背景信息的铺垫后，接下来就进入故事的重头戏——冲突了。之前我们说过“无冲突，不故事”，可总有学员跟我说：“我的生活很平淡，根本没什么冲突啊，难道要为了讲一个故事，故意制造冲突不成？”

为了帮学员挖掘故事，我通常会让他们回想一下最近感受到的一个负面情绪是什么，它是在什么时候发生的。这包括伤心、沮丧、害怕、丢脸、担忧、着急、恐慌、压力、失望、泄气、生气等。然后我就让他们想想，当时是什么东西点燃了他们的这些情绪呢？点燃这些情绪的事情，就是冲突。

比如你年底没有涨工资，你感到非常生气。有些人说是因为国际经济形势不好，有些人说是互联网大趋势，也有些人会怪公司管理层，或者怪老板对自己不好，要不然就是其他同事跟自己竞争，当然也有些人会归因于自己没好好奋斗。在你的故事里，那些阻碍你达成目标或是威胁你的东西，就是冲突。冲突可以是环境跟你的冲突，别人跟你的冲突，或是你和自己的冲突。

其实，我们生活中面临的任何冲突，都逃不出以下这 3 个层面。

- 外部问题：造成阻碍的外因，可能是环境，可能是他人。

在我和 Hubert 的故事里，这个外部问题就是：我们两个都没钱。

- 内部问题：这个阻碍存在的内因。绝大部分困扰我们的问题，都来自自己和自己的斗争。外部的问题很多时候都是客观存在的，你如何看待这个存在，其实才是冲突本身。比如在我们的故事里，没钱是我们的客观存在，因为没钱而带来的不自信和好面子，期望对方接纳自己没钱的这种内心挣扎，才构成冲突。
- 哲学问题：那个探索自我存在的问题。这个冲突就是动力和价值观层面的冲突。在我们的故事里，其实 Hubert 最为担心的，是我们是否拥有相同的价值观，这个共同的价值观，才是一段关系能够长久的原动力。

在一个故事中，这 3 个层面的冲突可能同时存在，也可能是单独呈现的。

拿电影《肖申克的救赎》来做例子，主人公想要解决的外部问题是越狱。但如果光是外部问题，那就没人关心了，因为我又没在监狱里，我为什么要关心他是怎么越狱的？我们之所以被剧情牵着鼻子走，跟随剧中跌宕起伏的情节，是因为除了外部问题，还有一个内部问题，那就是自我怀疑，这么戒备森严的监狱到底能不能翻出去呢？事实上，如果你仔细想一想，我们是不是都活在自己的“监狱”里？很多人之所以做着自己不喜欢的工作，被套在自己不满意的婚姻里，跟着自己讨厌的老板，都是因为不知道如果离开了，自己到底行不行。这些都是我们渴望挣脱的心理监狱。然而我们的自我怀疑让我们宁肯焦虑、纠结，也无力挣脱。所以，当肖申克从又脏又臭的下水道钻出来，在大雨中张开双臂的那一刹那，我们就像自己也挣脱了心理监狱，深深地和他产生了共情，并在心中为自己呐喊加油。

没有谁的人生是一帆风顺的。那些说自己没冲突的人，只是自己没有意识到，也没有刻意去反思。这个反思冲突的过程，可以帮助我们重新梳理价值观，让我们看清楚到底什么对我们来说是最为重要的。同样一个事件发生在不同人身上会有不同的故事，就看他们把“原因”归于什么或是归在谁身上。你可以通过冲突想象未来故事如何延伸，主人公最后能学到什么。

高潮是彰显自己的最好时机

有冲突就一定要有解决冲突的办法。你看过这样的电影吗？敌人来了，然后就结束了？肯定是主人公要么战胜了敌人，要么英勇牺牲了。通常在一个电影里，高潮一定是主人公和敌人对决的这一段。我们生活和工作中的故事，不需要敌我对决、你死我活这么跌宕起伏。在一个面试的故事里，高潮就是我当初如何克服困难，解决了工作上一个问题的过程。这也是你彰显自己能力的最好时机。一旦你把故事的高潮讲好了，得到这份工作就有希望了。

对话是画龙点睛之笔

对话是高潮的一个部分。不是每个故事都一定要有对话，但对话是一个能把故事讲出彩的神器。比如在一开始的例子里，我和 Hubert 的对话本身就是我们解决问题的方式。对话的内容就表现出了我们各自的价值观。

你对自己说的话，其实都是画龙点睛之笔。

结局让故事升华

你有没有遇到过那种人，说话总是留一半，让你很抓狂。讲故事也是一样。每个故事都需要一个结局，就像打开的盒子，走的时候不能敞着口，你得关上它，好让听众在离开的时候带着你的结论走。

所以我常讲，讲故事就像在放风筝，有时需要放线，有时需要收线，但最终你一定得有能力把线拉回来。结局，就是要把你放出去的风筝收回来。不然你这个故事就不知道飘哪儿去了。好的结局，不但会给你的故事做一个总结，还会升华一下，就像盒子扣上了，还扎了一个蝴蝶结丝带。

我见过很多销售人员，在和客户建立关系的时候特别好，非常有亲和力，客户也很喜欢他，但就是总不成交。为什么呢？就是因为每次客户拜访快结束的时候，其缺少强有力的收尾和能够落实到行动层面的一步。

我也见过很多员工，每次给老板汇报工作都是把事情说完了就结束，完全没有最后的总结升华，这就好像你把礼物直接往人家桌子上一扔，没有任何包装和总结升华，那还是礼物吗？

故事讲完了，不代表讲故事的你工作就结束了。正相反，真正有意义的事情才开始，你需要利用好这最后的机会把自己想要表达的总结提炼出来，并且提出相应的行动建议。好故事的结尾大致可以分为以下两点。

第一，总结主要观点和中心思想，总结经验教训。

在你讲完一个故事以后，你可以说："所以，这个故事告诉了我们什么呢？"虽然说如果故事讲得好，到这个时候，听众是应该能得出自己的结论的，但是如果你能够更清晰地将结论呈现出来，就会让听众更明白。

如果你给老板讲一个最近做的项目，无论这个项目是做好了，还是做砸了，你都可以说："所以，通过这个项目，我从中学到的是……""那个时候，我终于意识到……"老板就会知道，不论好坏，你都是一个善于总结、反思，能够从经验中提炼精华的人。

第二，提出行动建议或号召行动。

虽然并不是所有的故事都需要提出行动建议，但是如果你讲故事的本意就是要资源，要支持，那你就应该在最后明确地提出你想要对方做的事，除非你非常确定对方已经知道你想要什么，无须进一步说明。

我儿子14岁，他2018年在一个为EGRC（Educating Girls of Rural China，一家资助中国西部山区女学生上学的公益组织）募捐的慈善晚会上，当着200多人的面，讲了一个他跟我去甘肃农村支教，看到当地学生艰苦的学习环境后非常震惊的故事。故事讲完以后，他是这么说的："一会儿，就在我现在站着的这个舞台上，将会有一个拍卖，我希望你们能够慷慨解囊。当然我知道，那是你们的钱，你们能决定怎么花，但我邀请你们尽自己的微薄之力，改变这些女学生的命运，改变这个世界。"

不是我想夸自己的儿子，我是真心觉得这个结尾很不错，非常具体，有号召力，而且还有同理心。这样的结尾就为你的礼物扎上了一个漂亮的丝带，让里面的礼物不会松松垮垮地呈现给对方。

好的开头，是成功的一半

你有没有收到过这样的礼物？没有什么包装，甚至盒子敞着口就被送上来了。盒子里面就算装的是老佛爷的夜明珠，估计你的兴趣也会大打折扣。一个故事如果没有好的开头，和这个敞口的盒子就是一样的。一个好的开头，就是一个精美的包装，让人忍不住想要把盒子打开，看看里面的礼物到底是什么。

那么，什么样的故事开头，才是一个好的开头呢？想象一下，你走进一个完全陌生的场合，台下坐着一两百个你完全不熟悉的听众，你第一句话要说什么，才会让他们对你接下来要讲的东西产生兴趣呢？这就得靠我们之前提到过的两个元素——好奇和共鸣。

那些“从前有座山”的开头之所以让人索然无味，是因为它是按照时间顺序来开场的。对讲的人来说这么讲很顺，因为事情就是这么发生的，可其实，要讲出有趣的故事，你得灵活一点。比如刚才说到有共鸣的开头，你可以从“冲突”开始讲，然后再回去补背景。比如：“我记得我去年工作也特别不顺利，要资源没资源，要涨工资差点被炒鱿鱼……”

那什么是一个令人好奇的开头呢？你也可以把故事的完美结局先抛出来：“你知道吗，一年之内，我从快被炒鱿鱼到升职接替了我老板，你猜发生了什么？”这样听众一下子屁股就从椅子上起来了，希望你赶紧说下文。

你还可以从故事中最强烈的一个情绪开始，比如："你知道那一刻我的心情吗？老板说他要把我开除，我充满恐惧……"还有一招，是我做演讲的一个绝招，那就是："我永远不会忘记我的第一次……"不管是第一次的什么经历，都会引起对方"八卦"的兴趣。

一旦你跟听者之间建立了共鸣，把对方的好奇心调动起来，就像输液的时候一针扎进了血管，后面打什么"药"，他都能听得进去了。

小结

一个最基本的故事结构，里面包含 6 大要素：人物，背景，冲突，高潮，对话，结局。

一般一个故事里至少会有两个人物：英雄和恶棍。当有代入感、认同感和辨识度的人物被塑造出来时，一个故事就有了灵魂。

背景信息要与冲突相关，你需要讲出事件发生的时间、地点和人物关系，但是背景信息不宜过长，不能超过整个故事的 15%。在讲完冲突和解决冲突的高潮后，你还需要总结升华或者提出行动建议。不然，就算你故事讲得再好，没有最后的升华或者号召，故事很容易就像烟花，看起来很热闹，但很快就消散了。你的故事就是一个礼物。好的开头为故事包上漂亮的外衣，好的结尾为故事扎上完美的丝带，它们会让人对你的故事充满兴趣，并且印象深刻。

小练习

回想一下你最近感受到的一个负面情绪是什么？当时你的感受是什么？是什么具体的人、事，或者说的什么话点燃了你的这些情绪？这就是故事中的冲突。

第5章

一明一暗、一虚一实的故事架构

别忘了小小的情绪是人生中伟大的船长，不知不觉间，我们就被它左右了。

——凡·高

我经常问那些给老板做汇报的员工，他们汇报的目标是什么，我往往会得到这样的答案："不就是让老板知道项目的进展状况吗？"而当我再进一步追问："真的吗？这是你唯一的目标吗？"他们偶尔也会吞吞吐吐地说："呃，也想让老板认可我的工作吧。"嗨！这不就对了！有什么不好意思的呢？您活儿都干了，为什么就不敢承认你需要认可呢？

我们的文化传统一直在强调谦逊，话不能说太满，做事不能锋芒毕露，"枪打出头鸟"。所以，我们总是羞于表达自己的需求，耻于表现自己的才干，成功总是归功于"运气好"，需求都寄希望于"你懂的"。"讲故事"就帮你解决了这样的顾虑，所以我觉得，在职场里用故事包装自己，犹抱琵琶半遮面地为自己推销，才是最适合中国人的沟通方式。

那么具体如何借助故事做到不露痕迹地表现自己的才干，表达自己的需求呢？这是通过一明一暗、一虚一实的故事架构来实现的。

一虚一实：故事的感性和理性目标

如果你认可给老板做汇报其实就是一个给老板讲故事的过程，那么这个故事要实现两个目标：一个是以听众，也就是老板为中心的目标，这个目标通常是需要拿出来在明面上说的，我们管它叫“理性目标”。另外一个目标，通常是以讲的人为中心的目标，也就是你想从中获得什么。这个目标我们通常不会摆在明面上，这是我们想让对方暗暗体会出来的，我们管这个目标叫作“感性目标”。前者是“实”的，后者是“虚”的，但“虚”的有时候比“实”的还重要！

比如，每次我在做培训或者演讲的时候，都需要在一开始介绍自己，这个自我介绍的理性目标是为了让听众知道我是谁，我要讲的东西是从哪儿来的，这可以帮助他们更好地了解课程内容。然而，这个自我介绍还有一个非常重要的感性目标，就是让他们感觉到我是有“干货”的，我讲的东西是基于我的经验和学术背景，而不是信口开河、拍脑门来的。这样在接下来的课程中，他们会更配合我的教学活动。理性目标可以明着说出来，但是感性目标点破了就没意思了。当你开口说“请大家上课安静，配合我一下”，你这位老师就显得没水平了。

这两个目标的区别还在于前者注重事实，后者注重为听众创造出来的感受。前者用陈述就可以解决，而后者需要讲故事，故事才能创造感觉。这其实就解释了为什么很多人在给老板做完工作汇报后，没有得到任何认可。因为他们仅仅是陈述了事情的结果，而没有讲出一个故事，因此这样的汇报就仅仅实现了理性目标，忽视了感性目标。

故事的明线和暗线，帮你达成理性目标和感性目标

那怎么才能在讲故事的过程中同时兼顾理性目标和感性目标呢？这就需要你的故事有三条线：明线、暗线和辅线（见图 3）。

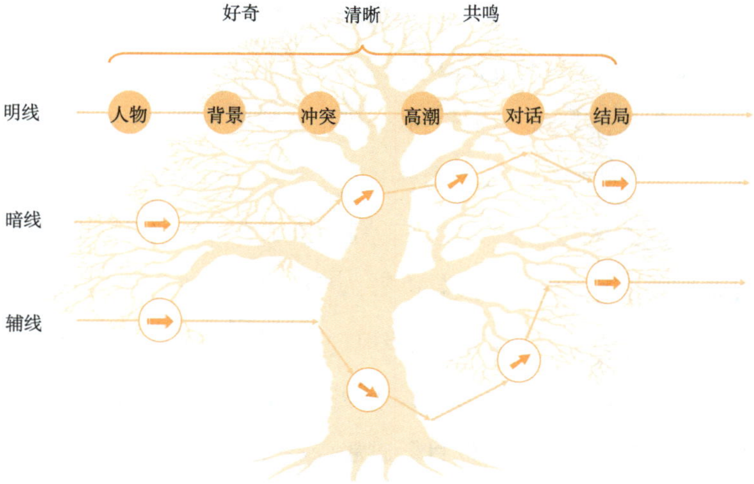

图 3　故事的明线、暗线和辅线

明线：故事的明线通常是故事的叙述线，也就是谁在什么背景下，做了什么，最后有什么结果。这条线的主要目的是帮助听众理解故事的情节发展。

暗线：故事的暗线可以有很多种——有可能是故事中人物心理活动的变化，也有可能是主人公在思维意识上的改变，或者人物之间关系的微妙改变，这些改变像一条暗流一样在故事中涌动。但无论这个暗流以什么形态出现，它都是围绕着“情感”变化的，所以我们管这条暗线叫“情感线”。

辅线：又可称为故事的表达线，通过语言——包括肢体语言来表达以上两条线。

别人对你的故事没感觉，通常是因为你的故事只有一条情节线，你一开始就没有考虑到在这个故事中，主人公的情感诉求是什么，事情发生的过程中，他的精神世界又发生了什么样的变化。如果没有情感上的转变，故事势必缺乏带入感。

人类生来就很“八卦”，我们天生就着迷于了解事物是如何变化的。想想我们为什么喜欢看电影。因为电影会带领我们进入各种情境，让我们产生各种感受，每个人都有可能在电影中找到自己情感的影子，所以一些好电影，不仅剧情一波三折，其情感发展也跌宕起伏，让人深深地被吸引。

那么故事的明线和暗线与之前提到的理性目标和感性目标有什么关系吗？当然有！理性目标通常需要叙述线的支持，感性目标则需要情感线的支持。

有一次我去一家世界 500 强公司做“如何给老板讲故事”的培训。一个 40 多岁的售前工程师上台，讲他曾经给老板做过的一个汇报。当时客户需要的一个产品是他们公司没有的，他讲述了他是如何通过和研发部门反复沟通，最终让研发部门给客户订制了这样一个产品，满足了客户的需求。故事讲得很清晰，大家都听懂了，听完了却没什么感觉，总觉得缺了点什么。

他的叙述线非常清晰，故事的 6 大要素也非常完整，可就是没有打动人。因为他的故事缺了一条情感线，也就是他在这个事件中的情感波动。当没有这个产品的时候，他当时感觉如何？最终做出让客户惊艳的产品时，他的心情又是怎样的？在整个讲故事的过程中，他的讲述都很苍白，因此无法调动起大家的情绪感受。

所以如果别人对你的故事没感觉，那是因为你都没有调动自己的情绪，你都没能感动自己，那么拿什么去感动别人呢？

情绪是内心世界的外在表现，
缺乏情绪的故事无法触动人

故事没有感染力，因为缺少情绪

你的故事如果没有感染力，那么一定是少了一个非常重要的元素——情绪。因为情感线的描述主要是对细节的刻画和对情绪变化的描述。情绪是一个人内心世界的外在表现。人们既会有开怀大笑的愉快时刻，也会有万念俱灰、焦急紧张等不愉快的时刻，这些都是人的一种情绪表现或情感体验。

我们的文化倾向于压抑自己的情绪。心理学家宋国萍有过一个发现，她说关于喜悦，英文里有大量的词汇表达这种感受的不同维度，中文里则少很多。中文里关于隐忍、克己的词汇很多。这说明什么呢？第一，中国的文化多少还是倾向于压抑自己的情绪。第二，我们认识情绪的颗粒度不够精细。

之前，我们的高管演讲训练营曾经有过这样一位学员，他是某外资企业负责某一个事业部的副总裁。那天他用第三人称讲了一个故事，故事的主人公叫大牛，他学习打高尔夫球，一开始进步很快，但后来到了一个瓶颈就再也难以实现突破，无论怎么练习都没有提高，他非常沮丧。后来大牛转去学习其他的东西，最后却莫名其妙地发现自己的高尔夫球水平提高了。他的结论是大道至简，殊途同归，任何习得的技能都可以经过整合帮到自己。

大家听完了这个故事都觉得特别好，可是又觉得有点可惜，因为讲别人的故事，总觉得没那么打动人，如果这是自己的故事，就会更有说服力了。结果万万没想到，这位副总裁听完大家的点评后弱弱地承认，其实大牛就是他自己。只不过在他心目中，工作和个人生活应该是分开的。领导就是应该被下属仰望的，应该是有威望的。他不想让下属知道自己其实也有搞不定的事情，也有沮丧、失落这些非常私密的负面感受。

的确，我们的文化不倾向于鼓励人们表达情绪。看一看我们形容古代圣贤的词汇：“面不改色”“宠辱不惊”“泰然自若”……有涵养的人要“喜怒不形于色，好恶不言于表”。

其实我们都是普通人，都有七情六欲，喜怒哀乐，也正是这些都经历过的情绪将我们联系起来，让我们的故事打动人。

情绪的不同描述，会得出完全不同的结论

在我儿子四五岁的时候，有一次我们回婆婆家。忘了是什么原因，我儿子在吃饭前大哭大闹，等好了以后他坐在饭桌旁。我的小姑子是一位精神科医生，她就问我儿子：“你刚才哭的时候，感受是什么？”我当时就乐了，我说一个小孩子，懂什么叫感受？小姑子一脸严肃地说：“只有清晰地描述情绪，才有可能化解情绪。”

确实，研究表明，如果我们在沟通中能够清晰地说出自己的情绪，或者表达出别人的情绪，那对我们和对方的沟通会非常有帮助；如果别人在听到我们的表达后认为我们理解他的情绪和感受，那么他的正面情绪将得到认可，负面的情绪也会有所改善，他会认为：“嗯，你懂我。”这不就有共鸣了吗？

回到之前的那个案例，我当时就引导那个工程师，问他：“当你发现客户明明那么信任你们，你们却没有客户想要的产品时，你是什么感觉？”

他想了想说：“不爽。”

“哪种不爽？能说得精准点儿吗？”我问他。他低下头又想了想说：“是失望。”

我说：“这个好！什么叫失望？就是你对一件事有期望，但事情没有达到你的期望，所以才会有失望，对吗？所以，当你说出‘失望’这个词的时候，如果我是听你讲故事的老板，我得出的结论是：你是一个有主人翁意识的员工，你对公司有期望是因为你在乎，你要是不在乎还不会失望呢，这产品有没有都行，这生意做不做都行。”

所以，你看几字之差，表达出来的意思是完全不一样的。这就是为什么我强调在描述情绪的时候，要尽量做到精准，这就要求我们在生活中提高对自己情绪颗粒度的认知。

当面对冲突时，你可能会觉得沮丧、愤怒、失望、焦虑、悲伤、恐惧、紧张、不知所措……

当冲突被解决的时候，你可能会觉得欣慰、轻松、喜悦、欣喜、兴奋、如释重负、心花怒放……

你需要仔细品味这些感受才知道到底自己是在经历什么样的情绪。在讲故事的过程中，你用哪个词来描述你的情绪，背后展现出来的意义都是不一样的。前后对比一下，会发现很多不一样。

比如咱们小时候上学，每个学期都会经历一件非常可怕的事情——开家长会。当你看到自己的父母开完家长会，从街口一步一步走回家的时候，你的心情是怎样的呢？如果你感觉兴奋，那证明你这个学期表现还不错，期待着老师向你的父母表扬你，结束后家长就能带你吃顿好吃的。如果你感觉担心，其实就是你也不知道自己的表现是不是够好，是不是能够获得老师和家长的认可。如果你觉得害怕，那足以证明你在学校够皮的，老师可能会告你不少黑状。

如何提高对情绪颗粒度的感知

故事讲得好的人通常情商都比较高，这是因为一个人的情商其实就包括我们识别和驾驭情绪的能力。如果你长期缺乏对自己情绪的感知，则需要通过一定的刻意练习，逐渐提高自己对情绪的感知，从这个角度来讲，学习讲故事也是提高自己情商的一个途径。你可以试试以下几个步骤。

1. 接纳情绪的存在

首先，情绪本身其实没有好坏对错之分，只不过我们为自己的情绪赋予了意义。在这个意义的基础上，我们有了不同的感受。通常所说的负面情绪，从严格意义上来说，应该是负面感受情绪。如同呼吸是正常的生理反应一样，情绪是正常的心理反应，而且情绪有起伏更是常态，你见过哪个正常的心电图是一条直线呢？心电图直了人就不在了！要心如止水不是说自己不能有情绪，而是说要接纳情绪本身以及情绪的起伏，这是实现情绪颗粒度感知更精细化的第一步。

2. 探索情绪背后的积极意义

每种情绪的背后都有对当事人的积极意义，当你承认这一点，就会有意识地去探索自己的情绪。比如，愤怒是在告诉你，自己的边界被侵犯，悲伤想提醒你失去的痛，要好好珍惜拥有，恐惧的时候要关注如何保护自己。情绪其实只是呈现了你的某种模式，一旦模式被打破，情绪也就不会出现了。当自己的情绪来了，你可以像面对一个老朋友一样，跟它打招呼，问问它："你想提醒我什么呢？"

3. 慢下来，充分感受情绪以及情绪带来的信息

有了前面两步的基础，情绪出现的时候，你就可以停下手边的事情，慢下来，给自己一些独处的时间，感知情绪带来的身体和心理感受，以及情绪所带给你的信息。有条件的话，可以把这些感受记录下来，真实地面对这些信息，并据此给自己的情绪命名，你会发现，这时候的命名，就比没有前面这几步时的命名精准得多。这个时候，你对自己情绪颗粒度的感知就更加精细了。当然，精准地给自己的情绪命名还有个前提，就是需要积累一定的关于情绪描述的词汇。心理学家巴雷特研究发现："当你能精确地描述当前发生了什么或者你到底经历了什么的时候，你会更容易找到处理这种情绪的解决方案。"

当你能够熟练地应用这几步，逐渐让自己对情绪颗粒度的感知日益精细的时候，你会发现，除了能够更细腻地感知自己的情绪，

你慢慢地也能够感知他人的情绪，除此之外，你一定能够和自己的情绪和平共处，也能够更加客观地面对他人的情绪，清晰地辨识出自己和他人之间连接的感情线。你的情商自然也就提高了！

故事的辅线——表达你的情节和情绪

除了用词汇精准地描述情绪，在讲故事的过程中，你丰富的肢体语言——包括高低起伏的语音语调，所有这些都是帮助你表达情绪的方式。辅线是表达线，它指的就是你如何通过你丰富的肢体语言和语音语调来表达这个故事。在后面的章节中我们会展开来讲。

之所以说它是一条辅线，是因为很多演讲课程会把太多重点放在如何去表达上，忽略了故事本身想要传达的核心思想。在我看来，表达固然重要，但我也见过一些演讲者，甚至包括 TED 的演讲者，从始至终没有用任何夸张的肢体语言，甚至声调都毫无起伏，也能讲好一个引人入胜的故事，因为他们的故事本身太精彩了！

比如我们高管演讲训练营的学员，著名的登山家罗静女士，在开营之初就给我们讲了一个她登山的故事。

我很少哭，因为我儿子一直觉得，我就是他的山，所以我也觉得我需要变得非常坚强。去年，当我准备征服我人生第十二座8 000米山峰——南迦·帕尔巴特峰的时候，正好是我儿子的生日。我就想着给我儿子一份生日礼物，我要挑战自己的极限，完成一次无氧登顶（不用氧气瓶协助）。前13个小时，直到8 000多米的海拔，我虽然非常吃力，可是一直在努力着。因为这是给儿子的礼物，我不可以放弃。

可是到了最后的两个小时，我的脚步越来越慢，我觉得自己快要撑不住了，我忽然开始号啕大哭，边哭边让夏尔巴人帮我拍摄下来。我对着镜头说："儿子，我想送你一个生日礼物，就是妈妈这次无氧登顶。可是我快坚持不下去了，我需要你给我力量。"说完，我继续对着镜头哭了近一分钟。要知道，在高海拔地区，哭是非常消耗体力的。可是这次哭完，我忽然感觉重新获得了能量，于是爬起来继续无氧往上走。不过这次的速度明显慢了很多。

然而一个小时后，我又哭了。因为我发现我的速度比预计慢了不少，我如果再坚持下去，我们下撤就会很危险。于是，我又对着镜头号啕大哭："儿子，为了团队，我只能到这儿了。但是我相信，我想要送你礼物的这个心意，你一定已经收到了。妈妈得平安回来。"

于是我换上了氧气装备，一小时后成功登顶，成为第一个成功登上南迦·帕尔巴特峰的华人女性。

我想说，或许哭不是软弱，反而是一种非常强大的力量。

我这次哭，对我和我的儿子其实都是一次非常棒的成长。

虽然，她在讲的过程中从始至终都保持同一个姿势，站在同一个地方，将整个故事娓娓道来，但因为她的情绪无比饱满，最后让我们台下的人哭得稀里哗啦的。

小结

每一个好故事都应该有三条线，一条明线、一条暗线和一条辅线。明线，即叙述线，负责实现故事的理性目标——听众想听的情节和结果。暗线，即情感线，负责实现感性目标——希望通过讲故事达到的情感诉求，是主人公在整个故事里的内在变化。辅线，即表达线，通过肢体语言、语音语调等表达方式协助情感线达成你的感性目标。

如果你的故事不感人，可能是因为你有意无意地忽略了故事的情感线，没有去表达自己的情绪，甚至都没有去体验和关照你当时的情绪。然而，情绪本身才是最能引起听者共鸣的东西。并且情绪表达的颗粒度越精细，听者听到的故事就会越真实，越感人。

小练习

如果用 1~10 分来给自己打分，1 分表示你对自己的情绪非常没有感知力，对自己处于什么情绪完全无意识或者意识非常模糊，10 分表示你对自己的情绪变化非常敏感，情绪来了能马上意识到，并清晰地描述当下的情绪。请问你是几分？

回到上一章你想到的那个冲突，以及你感受到的负面情绪，现在你能否用更精准的语言去描述当时感受到的情绪？

第 6 章

“和听众有关，让听众喜欢”的故事才能赢得人心

当你开始提升你的同理心和想象力时，整个世界都会向你开放。

——苏珊 · 萨兰登

去年三八节前的某一天，我早上起来送儿子上学。有孩子的人都知道，孩子出门特别磨蹭，我等得着急就先去地库取车了，准备从车库绕出来，绕到楼下正好把儿子接上。等我开到小区门口要决定左转还是右转的时候，我想我这是要去哪儿呢？对，是去送儿子，我再一回头，咦？儿子呢？原来我根本就没接上他而是径直开走，准备去上班了。我赶紧掉头回去，在楼下接上一脸蒙的儿子，内疚地跟他道歉说："哎呀，刚才妈妈脑子里一直在想工作，把你给忘了，不好意思啊！"其实更不好意思的是，这已经不是我第一次把儿子忘了！

到了公司，我就把这段糗事发在了朋友圈，结果一下子收到了80多条回复，不是点赞，是回复哦。你们猜猜回复的大都是什么样的人？对！是妈妈，是职场妈妈。很多人留言说自己也干过类似的事情。有个朋友说，有一次她开车送女儿上学，结果把车径直开到公司，她女儿问："妈妈，这是哪儿啊？"还有很多女性，不一定是妈妈，也给我留言说，当个职场妈妈真不容易啊！

一个故事讲好了，就能够和别人产生深层联结，不用你说，别人就能主动理解你想表达的观点，尤其是那些和你有过类似经验或是认同你价值观的人。那怎么才能讲出这样的故事，赢得听众的心呢？

不为你所动？因为你的故事没有进入他的世界

你有没有在跟老板讲话的时候，看到对方虽然脸上挂着礼貌的微笑，却目光迷离，你也不知道他到底在听还是没在听。听你说完，他说了一句"我再考虑考虑"，这一考虑就没下文了。你有没有发现身边很多人，无论男女，有了孩子就突然变成了晒娃狂魔，不管你想不想看，他们天天拿着手机给你看他们家孩子有多可爱？对了，还有那些出去旅游一路上朋友圈实况直播，再配上文字"今天好开心"的人。

他们说得吐沫星子乱飞，晒得心花怒放，而听的人或看的人心里就只想：关我什么事？

每个人都是活在自己的故事里的，人类生来就是更看重自我的群居动物。在进化的过程中，我们先要有独立存活的能力，后来为了适应生存才逐渐提高了和他人协作的能力。所以当你想要影响他人的时候，你所面临的一个巨大的挑战就是如何穿透他人，进入他们的故事世界，同时让他们理解并且关心你的故事。

因为如果他不为你的故事所动，就一定不会为你的主张所动。这就像看电影的时候，观众需要和他们喜欢的角色建立联结，并且对主人公所经历的苦难有着深深的认同，否则他们并不关心结局是什么，更不会关心电影想表达的观点和理念到底是什么。

因此要想讲出有共鸣的故事，就要和对方有关，让对方喜欢，只有这样才能赢得人心。

在通过故事来影响他人的过程中，第一步就是要吸引对方的注意，让他觉得这件事听起来和我有关，这就是我们说的好故事的 3 大标准之共鸣。

如果你想让别人对你讲的东西有反应，那么你的故事和他的故事要有交集才行，否则你们就是在两个平行的世界里对话，没有任何联结，你也无法引发他人的共鸣。感动他人的不一定是你的故事，可能是你的故事引发了他的联想，从而使他想到了自己的故事和自己的命运。当你看《泰坦尼克号》的时候，并不是因为你也有过沉船的经历，而是杰克和罗丝的爱情让你想到了自己的爱情故事，他们的生离死别让你想到你曾经经历过的和亲人的生离死别，或者引出了你对未来有可能有这样经历的恐惧。

共鸣从哪儿来的？共鸣的 3 个层次

那么共鸣是从哪儿来的呢？很简单，共鸣来自“共”。通常来讲，共鸣有 3 个层次，我们可以跟他人实现一些浅层次的共鸣，也可以实现一些更深层次的共鸣。

第一层，最简单的共鸣来源于共同的经历、背景、目标，所谓有共同语言说的就是这个。比如我们都有相似的留学背景，或者同样都是“北漂”，抑或像我一样都因为想工作忘了孩子。这些经历都在我们的生活中留下了烙印，因此当我们讲到类似的故事时，就会引发共鸣。

第二层，更高级一点的共鸣来自共同的感受。比如，喜悦、愤怒、难过、痛苦。说到这儿，我想问问你，你觉得是讲自己成功的故事还是讲自己失败的故事更能引起共鸣呢？答案是“失败的故事”。因为每个人对成功的定义不一样，你讲的成功别人未必都能感同身受。你跟我讲你爬上珠穆朗玛峰的兴奋，然而对我这种最高只爬过香山的人来讲，是很难想象那有多兴奋的。但失败大家都有过，大家都知道沮丧的感觉，懊悔的感觉，所以如果你跟我讲你爬珠穆朗玛峰的时候遇到天气不好，差点无法登顶时那种失望沮丧的感觉，我就很容易有共鸣，因为我也体会过特别期待的一件事情却以毫厘之差没有达成的失落。

第三层，最高级的共鸣来自价值观层面的共鸣。价值观听起来像是个大词，但千万别被它吓住，其实没那么神秘，它指的是什么对你来讲很重要。比如，爱、坚持、努力、目标导向等。价值观看似很虚，它却左右着我们每个人每一天的每一个选择。就像我一开始的故事，在大部分的职场妈妈身上引发的就是 3 个层次的共鸣：一是共同的经历；二是共同的感受，那种内疚的感觉；三是共同的价值观，既想要在工作中做得更好，又想要当一个好妈妈。

再来看看那天回复我的男性都是怎么说的吧。不是“你真够可以的！”，就是“你怎么能干出这种事儿？”或者“你是怎么当妈的？”，当然这有开玩笑的成分在里面，但是我们必须承认，中国家庭里接送孩子的多半是母亲（我们家是特例，我其实很少接送儿子）。因此大多男性既没有共同的经历，也没有共同的感受，所以从这个故事中提炼出来的总结和价值观，也就大相径庭了。

当你被别人的故事触动，或者对一个故事印象深刻的时候，往往是因为它与你最底层的价值观产生了共鸣。比如“泰坦尼克号”里的杰克和罗丝的绝世爱情之所以动人，就是因为它触动了每个人内心深处的爱与奉献。所以虽然你从来没有过沉船的经历，也可能没有过生离死别的感受，但仍然会因为人类底层价值观的共通性而被深深地触动。

所以，一个好的故事是有灵魂的，这个灵魂就是价值观，当你能在价值观层面跟他人产生共鸣时，那么这种共鸣就是高级的共鸣。

如何知道对方关心什么，害怕什么

前面说了，共鸣的核心来自“共”，所以，引起共鸣的第一步，就是了解对方到底关心什么，害怕什么。这就好比公司想要激励员工，老板就得知道员工选择职业的内在动力来自哪里。如果一个员工最希望在工作中获得的是社会认同感，是别人的仰慕和注视，而你把他放在一个类似财务和行政这样每天坐在办公室对着电脑的岗位上，跟他说：“我给你加工资，给你很多钱。”他未必干得开心，愿意留下。

讲故事也同理，你希望你的故事讲出来能够让听众有代入感，你就得站在听众的角度去看问题。大家都在痛斥保健品传销，很多年轻人提起这个就又气又恼又无奈，为什么自己的父母宁可相信一些陌生的传销人员的销售伎俩，却不相信我呢？

我们先抛开商业道德不去讨论，那些产品之所以那么有魔力，就是因为它们的销售懂得——老年人都怕死，都害怕进医院。于是这些销售告诉你的爸妈：“以前，我爸妈就‘三高’，天天吃药，前年冬天我爸还中风住过一次院。当时，我们一家忙前忙后真是心力交瘁，关键我爸还受了很多罪。去年春天他出院后，我偶然接触到 ××× 产品，一开始也特别怀疑，就想着说，试一试吧，万一有用呢。谁知道自从吃了之后，我爸妈腰不酸了，背不疼了，腿也不抽筋了。您要不试一试？”

请你换位思考，如果你经历过大病住院，身上插着十几根管子，吃喝拉撒都在一张病床上，这个大夫来捏一捏，那个大夫来敲一敲，毫无人的尊严可言。然而，忽然间有人告诉你，有一种方法，能让你不再经历这样的恐惧，还被证实有效，你试不试？

其实现在社交媒体里四处宣扬的中年焦虑和保健品传销是一个道理。恐惧、焦虑、迷茫，这样的负面情绪，是最容易让人产生共鸣的。当然，我们不是教你怎么靠贩卖焦虑和恐惧达到目的，而是让你知道，在讲故事的时候需要多换位思考，了解你的听众，知道什么让他们兴奋，什么让他们害怕，这样才能让你的故事切中他们的痛点，你的故事才会实现影响的目的。

同理心，激发故事共鸣的法宝

知道对方关心什么，害怕什么，其实引起的只是浅层共鸣，如果想要引起更深层次的共鸣，那就需要同理心的力量了。同理心指的是设身处地站在当事人的角度上体会他的内心感受，尊重、接纳并将它表达出来的能力。用最简单的话来说，同理心就是将心比心，让对方感受到被看见。

我还在外企的时候，有一个同事和我私人关系不错。有一次，她获得了一个参与新项目的机会，可是，我看着她一点点地从最开始的兴奋、积极、起早贪黑，到消极怠工，抱怨项目经理。我很意外，短短一个多月，变化怎么就这么大呢？

刚好有一次，公司里几个关系不错的同事一起聚餐，她又开始跟我们抱怨，什么项目经理资源分配不公平啊，项目组同事专业度不够，不采纳她的意见，这个项目组里有好多她看不惯的地方。这时候，其他同事就开始东一句西一句地劝她："别抱怨了，要多想想好的地方，要有正能量。""那个项目经理我挺熟的，不是这样的人啊！""多大点儿事啊，找机会跟他们吃顿饭，好好聊聊，事情说开了就好了！"

她听到大家这样说非但没有开心反而越发烦躁，撂下一句："你们都不懂！"等大家都不说话了，我看着她说："你为这个项目付出了那么多，没有得到认可，一定很委屈吧？"话音刚落，她眼圈瞬间红了，沉默了一小会儿，说："你怎么知道？"

你看，这就是一个应用同理心的例子，这让你能够透过表象，看到这个人，看到他真实的情绪以及背后的原因——他需要什么，什么对他来说是重要的（价值观）。当你拥有这样的同理心时，你的故事一定能够激发出深层共鸣，但更重要的是讲故事的人也更能赢得人心。所以，影响别人的不一定是你的故事，更是你的为人。

那么，要怎样提高自己的同理心呢？

1. 放下自己。共情的前提就是能够放下自己，如果你带着属于自己的认知、观点、评判、期待去看待他人，你是不可能达到真正的共情的。只有把自己的脚放进对方的鞋子里，你才能真正体会到他的脚的感受是什么，所以，在达成共情之前，你需要把你的“鞋子”脱下来，才能换他人的“鞋子”。

2. 带着尊重的好奇心。不带功利，不带评判，怀着尊重他人的好奇心，能够让你在共情的过程中保持中立与平等的心态，也有助于和他人建立联结。
3. 深度倾听。在前面两步的基础上，深度倾听。除了听对方在说什么，更要听对方没说出来的情绪、感受、需求，这是共情的关键。在你进入深度倾听后，你的注意力是完全放在对方身上的，这时候对方完全能够感受到被你关注。
4. 核对验证。听到了一些信息之后，要使用恰当的方式表达，联结才能被建立起来。如果不那么确定的时候，可以通过提问的方式来表达，当然，如果没有得到对方的回应或对方否认了，说明你没有共情成功，不要担心，可以继续尝试。

当然，同理心的提高需要一些时间，当你真的这么做了，你会发现，和他人建立深度联结，激发深度共鸣，并没有那么难，那时候你自然就会知道什么是与他有关，让他喜欢的了。

小结

一个好的故事，需要和听众建立联结，联结来自共鸣。通常，共鸣有 3 个层次：共同的经历、共同的感受和共同的价值观。最容易引起共鸣的，往往并不是成功的巅峰经历，而是那些令人懊恼的、沮丧的、悲伤的失败经历。如果你能在价值观层面跟他人产生共鸣，那么就建立了一种更高级的共鸣。

提高共鸣需要懂得换位思考，了解听众关心什么，害怕什么，让你讲的故事能够切中要害，提升故事的影响力。当然，想要达到更深层次的共鸣，你就需要提高你的同理心，放下评判，深层聆听，听对方在说什么，以及发现对方没有说出来的情绪和需求，这样才能达到价值观层面的共鸣。

小练习

回想一下，有没有哪个时刻，你感到自己特别不被人理解？那时候，你最想听别人跟你说什么？

让身边的人，为你的换位思考能力打个分，1 分为最低分，10 分为最高分。（注意：这道题，自己的判断是没意义的，要问别人，不过也不一定是分越高越好哦！）

第 7 章

故事的黄金原则：以终为始的故事架构，有的放矢地影响他人

仅仅通过眼睛看和练习，而没有任何理由地画画的画家就像一面镜子，复制摆在它面前的每一样东西，却意识不到它们的存在。

——达·芬奇

有一次我们在上公开课的时候，让同学们两两搭档：一个人给对方讲一个关于自己的故事，讲完以后请对方总结一下通过刚才那个故事，对方觉得讲故事者是一个什么样的人。我随机点了一对儿搭档站起来分享，其中一位同学说：“听完了我搭档的故事，我觉得他是一个固执的人。”我当时就很纳闷，什么人会在第一次见面就给别人讲一个关于自己是多么固执的故事呢？于是我就问那个讲的同学：“你原本想要表达什么？”他一脸委屈地站起来说：“我想要表达的是，我是一个很灵活的人。”你看这故事怎么讲的，居然让对方听完得出完全相反的结论？

心理学有这么一个理论：一个人只能看见自己想看见的东西，也只能听到自己想听到的东西。的确，每个人都活在自己的故事里，按照自己的过往经历和逻辑去理解看到或听到的故事。如果别人没领悟出你想要表达的点，那不是这届听众不行，是你压根儿就没讲明白，对方没听明白就不可能被影响。

因此，把故事讲明白比讲得精彩更重要。为此你需要知道故事的黄金原则：以终为始的故事架构，有的放矢地影响他人。

故事的黄金原则：如何让故事的 3 个层次服务于核心思想

故事之所以不容易讲好，因为它是有层次，多维度的。一个好的故事应该有这样 3 个层次：表现形式、表现内容和价值观（见图 4）。

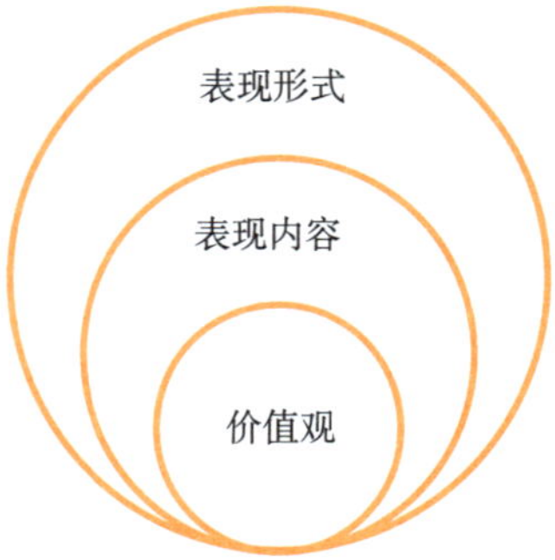

图 4　故事的 3 个层次

价值观（Why）：故事的核心就是它所体现的中心思想以及所代表的价值观。这才是一个故事的灵魂。相信大家都听说过这样一句话：好看的皮囊太多，有趣的灵魂太少。其实很多人骨子里是很有趣的，只是自己的故事没讲好，没有让人看出来。

表现内容（What）：故事的内容指的就是讲了什么，它们是如何通过一定的架构和逻辑层次呈现出来的，使得听众理解故事的价值观。

表现形式（How）：故事的表现形式指的是这个故事是怎么讲的，它主要体现在讲故事的人在讲述过程中的语音语调、眼神、肢体语言等的使用是否支持了讲故事的目的。

很多来找我们教练演讲的高管客户都希望我们能帮他们把演讲变得很精彩，甚至成为乔布斯那样的。他们理解的精彩基本是通过故事的外在表现形式体现出来的。这固然重要，但故事的表现内容和它的核心价值观才是决定一个故事是否能真正影响到它的受众的关键。

因此，故事的表现内容和表现形式一定需要服务于这个核心思想，并且以终为始地选择相应的故事素材。这就是讲故事的黄金原则。

很多人的故事之所以讲不清楚，产生歧义，没有实现想要的影响目的，是因为他们构思故事的顺序反了，也许他们是先有了一个故事素材，然后再想自己要表达什么，或者根本就是随机地选取一些故事素材，按照时间发生顺序罗列一下。这样对讲的人来说倒是很容易，但是对听的人来说，他们很难理解背后的中心思想。

故事的中心思想固然重要，但好的故事一定是鲜明地树立了观点且不点破观点，让听众自己得出结论。比如：如果让你讲一个故事去感化身边的人，让他明白“这个世界上比金钱宝贵的东西还有很多，不要太物质，太贪婪”，你会怎么说呢？

在古希腊，为了告诫人不要太贪婪，流传着这样一个神话故事：

弥达斯国王求老山神西勒诺斯赐予他点金术：手碰到什么，什么就变成金子。一开始他非常开心，为自己创造了最美丽和昂贵的黄金玫瑰园。可是紧接着，他发现自己碰到床，床变成了硬邦邦的金子，碰到食物，食物也变成了硬邦邦的金子。最后他又饿又渴，奄奄一息，祈求山神把这个礼物收回去。

你看，这个故事从头到尾没有提到“不要太贪婪”这几个字，但是你能轻而易举地得出这个观点。著名的好莱坞剧作家罗伯特·麦基曾经说过：“一个好故事不是为了讲故事而讲故事，而是为了用非解释的形式证明一个道理。你讲好一个故事，不需要在前、在后、在中间提到这个道理，听众从故事情节中就可以领会它。如果你不能用一个人真实的选择、行为及其带来的后果来表达一个生活道理，那不管你用什么数据，什么词语，都没用。”

那怎么才能以终为始地构建一个故事，让听众可以轻松地领会你想让他们领会的道理呢？

你需要先了解你要表达的道理，再构思你的故事。

纵观古今中外广泛流传的故事，无不是为了证明某一个观点而存在的。所以，想要让别人理解你的故事，首先你需要明确，通过这个故事，你要表达的观点是什么。怎么才能提炼出自己想要表达的主线呢？

一个特别简单实用的办法就是逼自己用一句话概括一下你想表达的内容。这就好像以前我在做博士论文开题的时候，教授让我们想一想，假设 4 年以后我们毕业了，英国当地报纸上要刊登一小段新闻，报道我的这篇博士论文，那这篇 200 字的报道要怎么写？这一招儿逼得我必须把自己各种各样的点子聚拢到一个中心思想上。

同理，如果你要给老板做一个汇报，那你就用一句话概括一下今天这个汇报是关于什么的，比如："通过汇报项目目前的进展状况和遇到的困难，我希望老板能够认可我们的工作并提供相应的支持。"又如你想要激励新入职的销售，那么这个一句话总结就是："通过分享自己刚刚做销售的时候遇到的挑战，以及如何战胜这些挑战的经历，让新入职的销售懂得不要轻易放弃。"如果你去一所大学做励志演讲，那么他们做海报宣传会怎么描述你的演讲？

当你能说出这一句话总结的时候，你的那根"红绳"——故事主线就出来了。

如何根据故事的主线来选择冲突和背景

当你确定了你要表达的故事主线包括你想要传达的价值观的时候，接下来就可以选择相应的"珍珠"，也就是故事素材，把它们穿在这条主线上，做成一条漂亮的项链。这个过程看似简单，但是真正做起来并不容易。大部分情况下，我们会自然而然地按照事情发生的顺序叙述，或者想到哪儿就说到哪儿。其实，故事结构的背后是一系列的选择。哪一件事最能突出主题？这需要认真思考。故事素材的选定不能是随机的罗列，而是应该根据你想要的这条“项链”的最终样式有所取舍。

考考你是否理解了？假设你是一个销售人员，你要讲一个故事证明你特别有坚持精神，你觉得以下哪个冲突更能体现这一点？（假设这 3 个故事都曾真实发生在你身上）

A. 客户说他不需要这个服务，我后来想了一个巧妙的办法让他意识到他有需求。

B. 客户嫌我们产品贵，我后来跟公司商务团队沟通，说服他们降价。

C. 客户说我们的产品不好，根本不见我，但我一直在楼下等他，等他下楼抽烟的时候，冲上去跟他继续说，最后说服了他。

在我看来，应该是 C 最能体现这位销售的坚持精神，因为在这个故事里，冲突是客户不想见我，而解决冲突靠的是坚持不懈的努力。A 和 B 看起来也很像，但还不够贴切，原因是 A 的冲突是客户不需要这个产品，解决冲突用到的方法是“巧妙地让客户意识到他有这样的需求”，因此体现的是这位销售的创造力，或者是很强的业务能力。B 体现的是这位销售的跨部门沟通能力。

所以，看似好像哪个例子都可以，但是如果你想让听众精准地获取你的观点，就需要精准地选择你的故事素材。这就包括故事中的人物，他们之间的关系——尤其是跟主人公的关系，他们之间所说的话，主人公当时面对的冲突，他又是如何解决冲突的。这中间所有的感受以及变化，都是围绕着观点展开的。

如何选择冲突来彰显你的价值观

前面讲过，价值观和内在动力，需要通过冲突和解决冲突的过程来展现。然而这里隐藏着一个很大的坑，那就是很可能你选取的冲突，也就是你的论据，在逻辑上根本不能支持你的论点和价值观。

我们的讲故事训练营里有一个作业，就是让同学讲一个“我为什么选择现在这份工作”的故事。不止一个同学在表达对现在工作和公司的“热爱”时，给我们讲的故事是：“我毕业后就一直在做这份工作。十年如一日，不论外部环境怎么变，我都忠于我的公司。”

乍一听觉得没问题，可仔细一想，时间长等于热爱吗？万一是你除了现在的工作，别的什么都干不了呢？新闻里那个高速路收费站大姐被裁员后哭天喊地，感叹她除了收费什么都不会，日后可怎么办啊！她十五年如一日地守在那个岗位上，就能够证明她热爱自己的工作吗？未必。

那你的故事中的冲突怎么足以证明你的动力呢？故事只是生活的提炼版本。当你面对困难时，是什么让你坚持下去，你自己知道。所以，你只需要仔细回忆当时的感受，到底是什么原因让你即使面对着这个冲突，还选择了坚持没有放弃？这个原因，才是你的内在动力和价值观。比如：曾经有猎头高薪挖你，但是你依旧选择了现在的工作，这是为什么？在某次销售的过程中，本来有某个捷径可以走，你却依旧选择了按照规矩办事，为什么？作为职场妈妈，当你产假还没休完的时候，有工作需要你，你立刻投入工作，那又是为什么？

这些个“为什么”的答案就是你的价值观，面对这些选择时挣扎的心情，就是能够证明你价值观的冲突。

背景铺垫决定了故事的冲击力

在理清了我们想要表达的价值观，确定表达价值观的故事冲突之后，还有很重要的一步，就是选择能够突出这个冲突强度的背景。你看那些好的电影，在悲剧发生前，男女主角一定会度过一段美好而甜蜜的时光；而喜剧在大团圆之前，主角也一定会历经各种苦难。

如果说冲突是一堵高墙，背景就是墙的地基，冲突的强烈程度，都取决于背景里的铺垫。比如，我想要表扬我们的新媒体小编最近写出了一篇阅读量特别高的文章。如果我告诉你，现在公众号文章的平均打开率约 5%，可是小编的这篇文章做到了 15%。

你可能会觉得："哦，的确做得还不错。"但如果我告诉你，她其实之前写过好几篇文章，阅读量都不高，可是因为喜欢写作，她一直坚持，终于写出了最近这篇爆款。你可能就会觉得："嗯，她真是一个有韧性，愿意努力的姑娘。"

如果我再告诉你，其实她一直有阅读障碍，我读 5 本书的时间，她可能一本都看不完，可是就凭借着对写作的喜爱，她一直坚持阅读，练习写作，终于成了我们的新媒体小编，还写出了这样一篇高于业界平均水平的文章。你是不是就会对这个姑娘刮目相看，觉得："天哪，追求梦想的人，可真是让人为之动容！"所以，背景信息铺垫了什么以及铺垫了多少也要遵循以终为始的原则。

多个观点，如何避免故事讲得太散

一个点一个故事

我曾经在某个大公司的年会上听过一位大老板的演讲。在半小时的演讲里，他说了外部经济大环境有多么不好，公司经历了多大的动荡，总部管理层的决策有多么英明，还想要激励团队再接再厉，再创新高。那天散会后我悄悄问了那个公司的 HR（人力资源）："你们老板今天的演讲，你觉得到底讲了什么？"那个 HR 皱着眉头，不确定地说："讲了他有多不容易？"什么都想讲，反而什么都只是点到为止，什么都讲得不深刻。听众自然记不住，带不走。

这个问题在创业公司 CEO 身上尤为突出，因为他们觉得公司就像是自己家的孩子一样，哪儿哪儿都好，一说起来都滔滔不绝的，却犯了讲故事的一个大忌：多个主线对听众来说就是没有主线。本来你是要给别人做一条精美的珍珠项链，结果做着做着又想说：嗯，钻石似乎挺闪耀的，加一颗吧，再过一会儿又想着加两块玉石似乎也不错……最后做着做着就成了一个“四不像”。

所以想要清晰表达，就要谨记：一个故事，只能表达一个观点。一个演讲里可以有多个故事，但你不能指望通过一个故事证明你既有团队合作精神，又有创新能力，还吃苦耐劳，这么讲的结果就是，哪个点都没讲好。

这个道理讲起来容易，但是真正做起来很难，因为人就是很贪心啊！能做到“断舍离”的确不容易。所以你需要别人给你反馈，讲完一个故事，得问问对方他得到了什么？看他们说的跟你想要表达的是不是一个意思。如果不是，就要及时调整。

如果有多个故事，一定要确定输出的是统一的价值观

当然，在一些场合，我们是需要在同一个演讲里表达多个观点的，比如大型产品发布会，寻求投资的路演，高管的述职演说。这时候应该怎么办呢？准备这样的演讲，就好比画一棵树，树的主干就是你需要传递给听众的价值观，对路演和发布会来说，主

干就是一个公司的愿景。每一个小的故事，所表达的观点或者道理，都是主干上长出来的枝条，是你的核心价值观向外延伸出的某些观点和道理。

小结

很多时候，我们讲出来的故事和听众所理解的故事有出入，不是听众没听懂，而是我们的故事“清晰度”出了问题。每个故事，都应该有一个你想要表达的核心观点，也就是故事的主线，整个故事都会围绕这个主线进行。

所以，一个好的故事，一定是“以终为始”，倒着来构思的。你需要首先确定你讲故事的目的及想要表达的中心思想，再去寻找合适的能够支持你的论点的故事素材。最后构建出来的故事，就是你想要讲的，并且别人能够听得懂的好故事。

小练习

请选择一个对你来说最重要的价值观，然后用附录的模型，讲一个关于价值观的小故事。

第8章

来自好莱坞的秘密：如何让你的故事精彩纷呈

当你不能让他们看到光的时候，就让他们感受到热量。

——罗纳德·里根

乔布斯是公认的讲故事高手，他有一个绝招，很多人都感受过它的效果，却可能没有注意到这个技巧。在苹果公司的发布会上，介绍新功能的时候，他一定不会像很多销售人员那样，说我们的产品功能有这个、这个，还有那个，一上来就罗列产品功能 A~Z。他会在讲完之后，装作不经意地说："One more thing。"（哦，对了，还有件事儿。）这看起来像是即兴的，是忽然又多出来的一个"彩蛋"。然而，对一个一场发布会至少会彩排 4 次的人来说，这有可能是没有准备的吗？当然不是，这一切都是设计好了的。

要让一个故事精彩，勾起好奇心，就必须要有冲突。乔布斯深谙冲突不要一次讲完，而是要拆分开来一点一点说，吊着听众的胃口，让他们欲罢不能。这也是好莱坞大片常用的技巧——冲突升级。如果把好莱坞电影做个拆解，你会发现电影中的主人公一定不会在一开始就是个超级英雄，而是在剧情发展中不断修炼，在一波又一波的困难和挫折中，变得越来越强大的。正是因为有这样层层递进的冲突，你才会一直保持好奇，那后来呢？后来怎么样了？

在讲故事的时候，我们也可以同样借鉴好莱坞大片的这一招。吸引大家听故事的注意力和情绪就像是拉弓射箭。单讲一个冲突就像是拉弓时力量不足，射出去的箭只有几步之遥。而冲突，再冲突，再进一步的冲突，就像是把弓拉到头，只有这样，你射出的故事之箭才有张力，也才能飞得更远。先用一个精彩的冲突把听众吸引住，然后再把橡皮筋拉紧，拉紧，再拉紧，你就能一直抓住听众的情绪。

所以，在一个非常精彩的故事中，冲突不是一次讲完的，而应该像是剥洋葱一样，一层一层剥开来的。那么要怎么剥这个洋葱才能一点点展开这一系列的冲突呢？它应该是有层次的，有设计的，层层递进的。

什么样的冲突最吸引人

现在我们都知道了，最能打动人心的就是故事里的冲突和解决冲突。然而，并不是所有的冲突都是吸引人的。就像每一部电影都会有冲突，但有奥斯卡奖级别的冲突，也有让人看着犯“尴尬癌”的冲突。好的冲突必须是有意义的冲突，且能让人产生共鸣。

有意义的冲突

什么样的冲突是有意义的冲突，什么不过是“为赋新词强说愁”呢？人类的大脑对“困难”特别敏感。当听到某人遇见困难时，人们就希望他能征服这个困难，有一个好结局。这就是好故事的核心。所以，你在讲自己的故事的时候，必须让听众为你捏一把汗，让听众觉得：一定要让主人公克服困难达到他的目的呀！这样冲突才有意义。

首先，有意义的冲突要足够有分量。换句话说，主人公如果无法克服这个困难，他的生活就会受到实质性的影响和打击。比如在电影《让幸福来敲门》里，如果主人公是个“富二代”，能否成为一个证券从业人员对他来说也就是个锦上添花的事，那观众就会觉得这有什么大不了的呢？然而，正是因为他穷困潦倒，流落街头，还需要养活一个 6 岁的儿子，维护对儿子的监护权，所以他能否顺利通过考试，拿到从业资格，就成了所有观众最揪心的冲突，观众边看心里就会期盼着：“考上吧，考上吧，让他过上好日子吧。”

其次，有意义的冲突一定是基于选择的冲突。如果在一个问题上，摆在你面前的只有一个选择，那也就无所谓冲突。如果有两个选择，其中一个明显有利，另一个明显不利，那也不用说，谁都会选有利的那个。任何人，甚至任何动物都会基于自己的认知，本能地做出当下对自己最有利的选择，没有人会做出明知是错误的选择。

然而，有意义的冲突，就是明明知道有一条坦途可以走，但因为某种原因或者信念，你选择去征服那条充满荆棘的道路。比如：你在面试的时候讲一个自己勇于承担的故事，说到自己所在的销售团队曾经有一个脾气特别大的客户，没人想去接管这个客户，你也不想去。那么，此时如果因为老板要求你必须去，所以你去了，这样虽然也有冲突，但是因为没有选择，这样的冲突分量就不够。而如果老板并没有强迫你，你可以选择不去，但是你心想："总得有人去吧？"在这种情况下，你主动选择去接管这个客户，那么这样的冲突就是有意义的，也能说明你的担当。听的人心里会好奇你后来有没有征服那个客户，还是你被客户征服了？

在现实生活中，我们是选择留在舒适安逸但不喜欢的工作岗位上，还是选择离开做一些其他有可能失败的尝试？是选择提出自己的想法，但有可能会得罪老板、同事，还是缄口不言？这些选择各有利弊，很难讲哪个是明显"对"的选择。正是这种两难的境地让我们产生了纠结、痛苦、焦虑、患得患失等负面情绪。这些情绪都能够打开让听众产生共鸣的大门。

当然，不是故事里的人情绪饱满，听故事的人就会自然而然跟着产生情绪共鸣。我每次看言情剧中的人物因失恋而痛苦地咆哮时，都会乐不可支，而且还挺为演员尴尬的。因为我无法和演员表现出的冲突产生共鸣。

有共鸣的冲突

所谓有共鸣的冲突，简单讲就是听众会关心故事中主人公的冲突和结果。如果你根本就不关心，那无论这个冲突多么强烈，再怎么升级也都没用。怎样才能让听众关心主人公的命运呢？

设想一下，如果你身边有一个肤白、貌美、家世好，既讨人喜欢，又很有能力，并且还很有动力的邻居小王，从小各方面都完美。忽然有一天，你听说她遇到了冲突，你真的会很难替她紧张吗？很可能不会。但是，如果你从小就知道她父母感情不好，所以她一直很缺乏安全感。忽然某一天，你听说她父母可能要离婚的时候，你的心自然而然地就会揪起来，心里希望："她一定要挺过去，一定要好起来。"所以，想要让听众对故事中的冲突有共鸣，主人公就必须是不完美的，如果是完美的，那听众很容易失去对故事的兴趣。因为这个故事毫无悬念，你知道他最后肯定会成功的。只有当听众意识到主人公在个性、能力、动力这三个维度有所不足的时候，才能感受到这个冲突真的很难克服。

Hubert 经常跟大家分享他刚从企业出来，转型做培训的故事。

> 那时候，我非常想做好培训，可我对培训技巧一概不通。只会干讲，不会引导，时不时就会有学员反馈，说我讲得很无聊，总是在说教。幸好人长得还算帅，还不至于被轰下台。

但作为一个培训师，这是在"能力"上致命的弱点，此时，听众就会跟他产生共鸣，因为每个人都有能力不足的时候，所以他们关心他后来是怎么提高这个能力，战胜困难，最后成为一名金牌讲师的。

动力不足很可能是你想减肥，却一直管不住嘴，迈不开腿；个性缺陷就很可能是你之前情商不高，总是冒犯同事，而此时你有一个重要项目需要同事的配合……

总之，你要想让听众产生共鸣感，必须让他们知道主人公在追求目标的路上究竟卡在哪儿了？如果这个点不清晰或者你故事的主人公是完美的，那么故事中的冲突就很难让人产生共鸣。不幸的是，很多人，尤其是很多领导，在讲自己的故事时，总是把自己描述成一个完美的、毫无缺陷的人物，这就是为什么听众很难跟他们产生共鸣。

当然，这个人也不能是毫无可取之处的，如果他个性差，能力弱，还缺乏动力，你一听就已经在心里放弃他了，对于他能否克服冲突也就不在意了。

好莱坞的大绝招：冲突升级

现在，我们了解了什么样的冲突才是有意义的冲突。那么这些冲突要怎么“升级”，才能让听众听得停不下来呢？

首先，咱们还是用那部众所周知的，充满了英雄主义色彩的好莱坞大片《功夫熊猫》举例。对！就是那只笨手笨脚，连面条都端不好却怀揣着功夫梦的熊猫阿宝克服万难成为神龙大侠的故事。

功夫熊猫的第一个冲突，是梦想和现实的冲突。一个本应该好好继承家族企业的“富二代”，怀揣着一个不切实际的梦想——学习功夫。面对养父的期望和自己梦想的矛盾，他只好偷偷摸摸地去看功夫大会。结果一不小心，空降成了神龙大侠。

怎么办呢？只能硬着头皮撸起袖子加油干呀！可是问题又出现了——学功夫好难啊！终于，阿宝通过自己的努力和好性格，让一开始看不起他的队友慢慢接受了自己。结果就在这时候，师傅那边又传来噩耗——他之前的爱徒雪豹大龙要来找神龙大侠复仇了！而此时，他还是一只不怎么会功夫的笨熊猫。最后，经历了重重艰险和激烈的战斗，阿宝以自己对武功的悟性和师父传授的武术，战胜了大龙，拯救了山谷，为山谷带来了和平。

你看，在刚才的故事里，是不是一波未平一波又起，不断地有新的冲突出现，吸引着人不断地想往下看？我们来分析一下为什么这些冲突是有意义、有共鸣的冲突，冲突的升级又是如何一层层展开的。

首先，功夫熊猫的第一个冲突，是选择继续待在安乐窝还是选择孤注一掷去追求梦想，这让他纠结徘徊。这和你选择待在舒适的老家还是到大城市打拼，没有实质性的区别，选择的结果会改变你的人生轨迹，所以这是一个有意义的冲突。

其次，从主人公熊猫阿宝的个性、能力、动力三个维度来看，他胖乎乎的长相，随和的个性非常招人喜欢，但是他能力不足——不是一般的不足而是非常的不足。这就好像一个“学渣”进了清华，我们不由得担心：他怎么在这一堆“学霸”中混下去啊！再后来，面对讨厌他的队友，学不会的功夫，他开始气馁了，动摇了，此时他的动力又开始减弱，所以我们就更加关心他的功夫之梦到底有没有实现。最后，在他找回自己的动力之后，再次面临能力的考验，观众又开始担心他和神龙大侠到底能不能打败雪豹大龙，最终，当他们赢了的时候，观众如释重负，并且由衷地为功夫熊猫感到开心。

所以，这一系列的冲突并不是一次性地在开场就讲完了，而是像是剥洋葱一样，随着电影情节的推进，分层次，有意设计层层递进。冲突升级的过程既是故事情节不断推进的过程，更是主人公和听众的关系不断深化的过程，随着冲突的不断升级，听众越来越感到揪心。

当然日常生活中的故事不会像电影那么复杂，但这并不代表你不能用冲突升级这个技巧。

比如，我们的演讲导师克雷格·巴伦蒂内在跟人讲他是如何从大企业辞职出来追求自己的梦想，成为全职的演说家的时候是这么说的：

> 那是20世纪90年代的时候，我决定从企业里出来做全职演说家。我是当时公司里最好的销售，我的上司、公司的副总裁约翰也一直待我不薄。于是，在跟约翰提出离职的那天

早上，我鼓足了十二分的勇气。

然而，约翰听了以后说："克雷格，我很佩服你有一个梦想。但我不能让你走，我给你加薪，加到 7 万美元。"

我说："约翰，我很感激你，但这不是一个金钱上的决定。这是一个梦想上的决定。"

约翰说："我明白，真的。如果把你工资涨到 8 万呢？"

你想一想，20 世纪 90 年代，1 万美元可是很多钱啊！可我继续坚持说："这真的不是一个金钱上的决定！"

他想了想，看着我，拍了我的肩膀说："好吧，克雷格，如果我给你涨到年薪 6 位数呢？这可是一大笔钱呢！可以买一套房子了！"

于是我心动了，说："约翰，我得回家跟我太太商量一下……"

你看，这中间薪水涨了好几次，克雷格回去跟他太太商量的时候肯定只会讲最后的那个数字，所以最后的结果是确定的。但从讲故事的效果来看，这样的冲突升级是不是更精彩？更能让你感受到当时克雷格的内心波动，工资每涨一次，你似乎能感觉到他心里被扎了一下。连续被扎了几下后，最后的冲击感更大。梦想和现实之间的弦就会一次次被拉紧，听众就会想：那他和妻子的谈话发生了什么？为什么他最后还是拒绝了那么高额的涨薪呢？好奇心就是这样被激发出来的。

好故事都需要“设计”一下

我不知道你怎么定义时尚，在我看来时尚是有设计感的。也许你认为，模特在T台上穿得很随意——不就是把几块布搭在身上吗？其实，人家不是随便搭配的，是有设计感的搭配。同理，一个好故事，也是需要有“设计感”的。如果你有准备地去讲一个故事，越是在重要的场合，你要用故事去影响他人的时候，你就越需要对你的故事进行“设计”，这就是所谓的**“故事设计”**。

当然，这个“设计”绝不是指你可以在故事中胡编乱造，无中生有，明明是被老板炒了鱿鱼却非说成你拍案而起炒了老板。这个“设计”是指在讲故事的时候，你可以不严格地按事情当时发生的时间线讲一通流水账，为了实现你想要达成的效果，可以稍微调整时间顺序，或者是通过故事的细节铺垫出层次。

就像乔布斯的“One more thing”，在他做演讲之前，他一定是把新产品要发布的所有功能列举出来，刻意安排了它们的出场顺序，并为此特别设计了最后的彩蛋，这才让他的演讲有了冲突不断升级的好奇感和惊喜感。

故事设计还可以体现在对话的描述，因为如果我们一定要一五一十地复述实际发生的对话，那这个故事就讲得太啰嗦且无趣了。我在TEDx（技术、娱乐、设计独立组织）活动上讲的《梦想到底是个什么玩意儿》中提到了我妈听说我要辞职时的桥段：

我决定辞职以后，就跟我妈说："妈，你知道吗？以前有一个演员说过：'我要把自己脱下来的衣服，一件一件地穿回去。'"

我妈上下打量我一番，说："怎么着？你也想演电影？"

我说："嗨！我演电影谁看啊？我只是想要告诉你，小时候你让我早上学一年又跳一级，我想把你帮我省的那两年时间，再一分钟一分钟地'浪费'回去。"

其实，我妈虽然无数次跟我就辞职这个问题发生争论，但我妈这个 70 多岁的老太太哪儿知道那些演员，我加上这段对话纯属为增加故事的冲突性、幽默感，让它张力更足。就像著名的好莱坞导演、编剧罗伯特 · 麦基说过的："故事是将现实生活有创意地转换成更强有力、更清晰和更有意义的体验。"也就是所谓故事的艺术源于生活，但它高于生活。我们可以根据需要对一些细节进行调整和夸张化处理，只要不影响关键的事实，就都是故事设计的一部分，无伤大雅。

小结

一个好的故事一定是“设计”出来的，为了充分地表达观点，制造情绪氛围，可以适当调整情节，让你的故事更加精彩。在设计故事的时候，可以用到好莱坞编剧的大绝招——冲突升级。在不断升级的冲突中，让故事环环相扣，引人入胜，更让听众和主人公的关系不断深化。所以，在讲故事的时候，冲突不能一次讲完，而应该像是剥洋葱一样，一层一层讲。冲突也不应该是平行排列的，而需要层层递进，大魔王一定要在最后才能出场。只有有意义、有共鸣的冲突，才能抓住听众的心，让他们欲罢不能。

小练习

回想一部你最喜欢的电影/电视剧，思考那里面都有哪些场景体现了冲突升级？当时看的时候，你感受如何？

第 9 章

3 个故事帮你建立信任

当我们进入故事世界的时候，一切都变得不一样了。我们会自愿放弃怀疑。

——塞缪尔·泰勒·柯勒律治

我们在很多场合都会做自我介绍：相亲，面试，第一次见客户、合作伙伴或者投资人等。但无论在哪种场合，自我介绍的实质都是自我推销，目的是建立信任从而最终与对方形成某种合作关系或者达到影响的目的。任何关系，无论是友情、爱情还是雇佣关系、合作关系，都是建立在信任的基础之上的。没有信任就没有选择。没有信任也就没有影响。别人需要先相信你这个人，才能相信你后面想要向他们传递的观点。

无论你的影响对象是谁，目的是什么，都需要从让对方了解你是一个什么样的人开始。从彼此陌生到和对方建立某种合作关系，成为工作或是生活上的合伙人，都需要经历这样的五个阶段：认识你，记住你，认同你，信任你，选择你。认识一个人不难，打个招呼交换个微信就算认识了。可是要让别人记住你，认同你，从而信任你，选择你，就没那么简单了。故事是建立信任的捷径。

只有记住你，才能选择你

我之前在外企负责政府关系的时候，曾经去一个美国朋友家参加派对，那天晚上，除了我之外，来的都是社会名流。其中有一个人跟我介绍自己的时候说："我是某BAT（中国互联网公司三巨头）的高管，我负责×××，我老板是某某某……"反正听起来就是很牛的样子。说完，他还当场掏出手机给我发了他的百度百科，上面都是金光闪闪的履历和高学历信息。但我看了以后除了说两句客套话，也真不知道还能说什么。

在我正要离开派对的时候，又来了一位主人的朋友，主人义不容辞地要给我介绍一下。他当时第一句就是这么说的："琳，我给你讲个关于他的故事，30多年前，习近平去美国访问的时候，曾经在艾奥瓦拜访了一个美国农民，还在人家家里住了一晚。你知道那天晚上他睡的是谁的房间吗？"

我不傻，当然一下子就明白了！然后我们就顺着这个话题聊了半天，聊当时他睡哪儿了，聊他父母的房子后来怎么被一个商人购买后改成博物馆，现在他父母又如何成了小镇上的名人。本来我都要往外走了，结果又在门口跟这哥们儿聊了很久。

你看，一个是用公司、职务、学历来介绍自己，另一个是拿故事介绍自己的，你觉得哪个更有意思，更令人印象深刻呢？当然，并不是拥有这么奇特的经历才能讲出一个引人入胜的故事。拥有故事力的人，兜里随时随地都揣着故事，因为他们知道，讲一个好的故事，更容易让别人记住你。

别人对你的认同感从哪儿来

我们对他人的认同源于两个层面，外在的和内在的。只有这两层认同感都存在的时候，才能产生信任。

外在是显而易见的，能够衡量的东西，经常在选择过程中被拿出来做参考标准。因此无论是在面试还是相亲、社交场合，很多人都想在第一时间讲一下外在。比如：你家里经济状况如何，你的学历、工作如何，收入怎么样？你公司规模大不大，产品是什么样的，这些都是外在实力。

很多人的自我介绍仅仅停留在表层，这也是最容易掉进去的坑——仅仅让别人知道自己的学历，职务或资质。这些重要吗？当然重要！但是有一个问题，那就是无论你有多牛，总有人比你更牛！其实，“你牛”不代表我就认同你，更不要说普通人。如果没有闪亮的履历，那要怎么获取别人的认同呢？

内在是由你的核心价值观和内在动力构成的。想清楚什么对你来讲重要，你又是被什么驱动的，这就是内在。这一层看不见摸不着，听起特别神秘，你也很难直接给人讲明白。但是，正是这个看不见、摸不着、讲不清的东西，决定了一段关系能不能从“认识你、记住你”走到“认同你”。

想想为什么高尔夫球比网球飞得远？就因为高尔夫球是实心的，是有内核的，而网球是空心的。任何一段能够走得长远的关系，都是靠内在的契合来支持的。再想想看，走不下去的婚姻大多不都是因为“三观”不符吗？工作做不下去，不也很多是因为不认同老板，与公司的价值观和文化不契合吗？很多人分手的时候都会说：“嗨！我当初就是看走眼了！”其实你不是看走眼了，是你根本就没看对地方。

外在的东西，是随时会变化的。家里的矿可能随时会塌方，拥有百万年薪也很有可能被裁员，公司的市值可能会因为一条新闻就缩水一半。一个人的价值取向和核心信念却是在长期中形成的，是相对稳定的因素，它也是外在实力发展的基石和原动力，因此通过看内在能够更好地预测一个人、一家公司是否靠谱，跟你是否契合。

所以，在你向别人介绍你自己的时候，除非你根本就不打算和对方建立什么合作关系，否则都需要在自我介绍的时候展现你的内在和外在实力，二者缺一不可。可问题是谁会天天把价值观挂在嘴边啊？如果一个人上来就问你：“喂！你的‘三观’是什么啊？”你肯定觉得这人是神经病。我也不能一开始就跟别人说：“你好，我是高琳，我是一个诚信的人。”我说了别人也不信。而一个好的关于价值观的故事，就能够帮你证明，甚至是让听众自己得出“嘿，这是一个和我‘三观’一致的人”的结论。

麦肯锡的信任公式

就算有了初步的认同，我们必须承认获得他人的信任并不容易，因为人生性多疑，这是我们自我保护的一种方式。我们不会轻易相信别人说的话，只相信自己得出的结论。所以我们才需要通过行动来证明自己，路遥知马力，日久见人心。在做培训的时候，我经常引用麦肯锡的信任公式来帮助大家理解：在现实生活中，信任是怎么来的。

信任（trust）= 资质能力（capability）× 可靠性（reliability）× 亲近程度（intimacy）/ 自我取向（self centered）

这个公式里包含了 4 个要素，我们一个一个来看。

资质能力

我们可以把资质和能力当作两个部分看待。第一个部分：资质，也就是你拥有的资源。比如 Hubert 教练有着近 20 年世界 500 强公司的管理经验，一个工商管理博士的文凭，再加上他那张沧桑的脸，别人一看就觉得，对于职场，他应该是略知一二的。

第二个部分：能力。这包括职场通用能力，比如领导力、沟通能力以及所在领域的专业能力。别人选择和你工作，目的是产生结果。能力就是直接可以带来结果或者帮助别人产生结果的，因此有能力才会使人产生信任感，这道理不言而喻。

可靠性

可靠性就是一个人做事的靠谱程度，这和事情本身的大小或复杂程度无关，无论事情大小，如果你能持续不断地做好，就是一种靠谱的表现。比如：我们公司做 PPT 的大叔，虽然人比较啰唆，可是每次他做出来的 PPT（包括本书里所有的模型和图片）都是极其精准和精美的。所以，只要把文稿交给他，沟通好风格，我就可以不用操心了。

亲近程度

亲近程度就是你和你要取得信任的对象的亲近程度，简单说就是你俩熟不熟？有多熟？我们都偏向信任自己比较了解的人，这是人之常情。因此你跟别人越不熟，赢得信任就越难。

自我取向

“自我取向”听起来很拗口，其实说的就是看一个人做事是否经常以自我为中心，他做事的出发点是自私的，还是利他的。这个相当于分母，也就是说做事的时候，越不以自己为中心就越容易赢得他人的信任。而那些心里没有别人，说话、做事处处以自我为中心的人，是很难赢得他人信任的。

当我们在日常工作和生活中通过行为展现出以上 4 个要素的时候，我们就可以更好地赢得他人的信任。所以一个人的为人不是说出来的，是“为”出来的，行为的“为”。

但是问题来了，对那些还没有时间了解我们，看到我们“为人”的人来讲，我们该怎么证明自己呢？你去面试的时候，总不能说：“先聘用我再说，我会做给你看的！”你去相亲，也不能跟人家姑娘说：“请相信我的为人，先嫁给我，日久见人心！”

你需要证明自己是值得相信的，那怎么证明呢？给人家看你的学历，你的职位，还是你的简历？别忘了，故事才是证明自己的最好工具。你需要讲一些关于自己的故事，证明你是一个值得信赖的人。

因为讲故事才是建立信任的捷径。人们一旦相信了你的故事，也就相信了你！

3 个故事让你完胜面试、社交、汇报、路演

既然以上 4 个要素构成了信任的基础，那么在用故事建立信任的时候，我们就要讲出那些能证明自己的资历、靠谱程度和动机的故事。那亲近程度怎么办呢？这不是要靠时间才能熬出来的吗？总不能我说咱俩亲近，咱俩就亲近了吧？其实不一定，故事讲好了就可以拉近关系。

我在外面做培训或者演讲的时候，在开场的环节都会先讲一些关于“我是谁”的故事。这些故事无非是为了证明“我有资历”或“我很靠谱”，但是我会有意在故事中“自黑”一把。除了可以博得大家大笑，拉近彼此的距离，我还有很重要的一个小心思。《影响力》一书中讲到的影响的6个方法中，有一个就是“互惠”。当我向你坦诚暴露我的弱点的时候，这证明我足够信任你，因此基于“互惠”原则，你也可以信任我。事实证明，大家的确在接下来的培训中对我信任有加。

那么，接下来我们看看，到底什么样的故事能够证明我们的能力、动力和靠谱呢？

- **“我很牛”的故事**——用故事彰显你的能力，低调地推销自己，让别人觉得你很牛。
- **“我为什么……”的故事**——通过故事让对方理解你的动机和心意，并且感受到即使面临变化和困境，你也是靠谱的，这个故事可以凸显出你的价值观和内在动力，让别人理解你为什么要做某件事。
- **“我的改变”的故事**——通过分享成功或失败的经历，你让对方感受到你由此获得的学习和成长。这个故事是“潜力股”的标配，更是领导的必备，因为只有从经验中学习、反思、总结，一个人才能快速成长。

以上3个故事加在一起，就可以充分说明“我是谁”。这3个故事就像你的贴身锦囊一样，无论是去面试还是相亲，做销售还是领导，这都应该是可以随时随地拿出来讲的。只不过，根据场景和要影响的对象，你需要相应调整具体的故事细节，但是故事的结构和要素应该是差不多的。

“我很牛”的故事

应用场景：社交场合，求职面试，工作汇报，述职演说

“我很牛”的故事可以用在寻求“外在实力”的认同上，目的是通过故事来彰显自己的能力，低调地推销自己。“我很牛”的故事的重点，不是罗列出我曾经做出过什么丰功伟绩。恰恰相反，需要突出的是我遇到了多大的问题，即故事的冲突，之后我又是如何解决的。

罹患胰腺癌的美国教授兰迪·波许生前有一个非常著名的演讲《最后的讲座》。在演讲中，他讲到实现自己的童年梦想时说：“墙在那里不是为了阻碍我们，而是让我们有机会展示我们想要什么”。墙越厚，就意味着阻碍和冲突越大，你就需要用更高的能力、更强的动力、更坚定的价值观去打破它。

比如我们《用故事讲出你的影响力》训练营的学员，讲述她作为创业公司的财务，如何从一个“账房先生”变身成为创业核心圈层人士的故事时，她是这么讲的：

当初我加入这家初创公司，看重的是零售行业对财务管理需求很高。通过管理供应链、存货、资金财务，很多渠道都可以实现价值。我深信“有为才有位”，希望通过为公司创造价值来提升职位，实现梦想。

然而，梦想很丰满，现实很骨感，初创公司面临从 0 到 1 的突破，业务上突破不了，财务管理就成了无根之木，业务开展不起来，财务分析、供应链管理都无从下手。业务一直无法实现突破，运营成本过大，作为财务负责人，缩减成本是首要职责。但业务处在开拓期，没有投入也不会有产出，“先有鸡还是先有蛋？”的问题摆在眼前。高管会开了几次都没有头绪，团队士气受到影响，外面有声音说新来的财务什么都不会干，拿着高工资就会难为自己人，不如从自己开始砍成本。面对冷言冷语，我有点后悔：是不是不该走这一步？

我业余时间在外学习战略管理。我的老师反复讲的一句话是：“制定战略要结合客户需求。”什么是我的客户需求？业务开展不起来，没有人加盟到底是为什么？因为不赚钱，费用太高，其中税费占去收入的 5%。财税不分家，平时我就喜欢研究一下新的税收政策，看看国家鼓励哪些方向。2018 年初，为了鼓励自主创业，政府出台了不少小微企业税收优惠政策，我隐隐觉得有一些空间降低税费，从而降低我们销售的门槛，快速拓展业务。于是我连夜做出方案，慎重起见，还咨询了几位熟悉的税务方面的前辈，论证以后发给老板。

最终这个方案为客户降低了2%的成本，便利店行业净利润通常是5%~10%。这个方案让之前犹豫的客户有了希望，一时间销售有了小的突破。再后来，财务还从金融融资上帮助客户，进一步降低了销售门槛。自此以后，财务部终于摘掉“账房先生”的帽子，从业务后端逐步前移。

如果你是投资人或者面试官，你从她的故事中能够看见什么呢？显然是一个有野心、爱学习、善于分析思考，且愿意为公司的发展出谋划策，连夜奋战的CFO（首席财务官）。

“我为什么……”的故事

应用场景：社交场合，求职面试，述职演说，创业路演

“我为什么……”的故事，突出的是一个人的价值观。到底什么是价值观呢？社会心理学是这么定义的：“价值观是基于人的一定的思维感官而做出的认知、理解、判断或抉择，也就是人认定事物、判定是非的一种思维或取向。”说白了，价值观就是指在你做决策的时候，什么对你来说更重要。

为什么在建立人与人的信任的时候，价值观那么重要呢？因为价值观是一个相对稳定的，持久的特质。一个人的能力和资质可能会随着时间的推移增加或减少。一个人的价值观一旦形成就极难改变。猫王曾经说过：“价值观就像指纹，没有人的价值观与别

人完全相同，但它会在你的每一个行为中留下痕迹。”

既然价值观是选择取向，那么“我为什么……”的故事，就正好能证明你的价值观。在我的上一本书《职得》里，我讲到我一个中年妇女当初为什么辞去百万年薪去创业，这其实就是一个“我为什么……”的故事。我为什么辞职？因为我怕终老一生不知道自己的梦想到底是什么？对我来讲，追逐“梦想”那个动作本身，比找到梦想还重要。

“我的改变”的故事

应用场景：社交场合，求职面试，述职演说，创业路演，转型转行

我们每个人的现在都是由我们的过去和我们的改变塑造的。“我的改变”的故事，不但可以把你的“前世今生”说明白，还可以让别人了解你为什么是你现在这个样子，你的能力、你的价值观是如何塑造的。“我的改变”故事的重点，在于“学习”和“领悟”。你从成功中学到了什么，从失败中领悟到了什么，这些都是你人生的加速器，善于反思的人总是比别人成长得更快。

我的那个梦想故事也是一个“我的改变”的故事，它讲了我是如何从不相信自己也有梦想到敢于去追逐梦想的过程。后来，这个故事还被我一位职业生涯规划师朋友当作案例在她的课堂上讲。以至很多人第一次见到我时就说：“啊！你不就是廖老师课上讲的那个人吗？”你看，故事讲好了是会“长腿”的，它会自己跑。所以，最高级的自我推销，就是让别人讲你的故事。做到这一点的

前提，就是要先有一个关于你的好故事。当别人听到这样的好故事并且去跟更多的人重复这个故事的时候，就是在帮你传播，扩大你的影响力。

下文是我为什么辞职，以及在追求梦想的过程中学到了什么的故事。

《生命是一场盛宴，你是否准备盛装赴宴》（节选）

“生命是一场盛宴，大多数人却活得像乞丐一样。”第一次看到这句话的时候我就莫名心塞。可转念一想，我有吃有喝，有房有车，家庭美满，万事皆宜，为什么会心塞呢？

那时候我在摩托罗拉系统公司做高级总监，负责公司政府事务，也算是在中美两国政府和公司之间搭建一座桥梁。我喜欢这个工作给我带来的眼界和视野。

照理说混迹在这么一个非富即贵的圈子里，每月有准时发的工资，我应该非常非常知足了。可是，我心里还是非常不踏实。每当我蠢蠢欲动的时候，我妈就说：“一个女孩子，有一个稳定的工作，你还图什么呀？”我觉得她的维稳工作做得特别到位。

然而，稳定和踏实完全是两码事。稳定形容的是工作，踏实则是一种感受，有的时候越是稳定的工作越让你感到不踏实。即使这份工作有很多我喜欢的成分在里面，即使我被很多人称赞为工作、生活双丰收的人生赢家，我也从来没有感觉心里踏实过。

我的不踏实其实更多地来自不甘心，难道我这一辈子就是要陪无聊的人，听他们在吃饭的时候瞎扯？生活中一定有比这个更有意义的事情等着我，我觉得我应该像励志书里写的那样，放弃百万年薪，去追求我心中的梦想，我甚至觉得我已经做好了飞蛾扑火的准备。

就有一个问题，我的火在哪儿呢？我的梦想到底是什么呢？

我一直认为梦想是上帝给我们每个人手里塞的那个小纸条。有的人从小就立志当科学家，他手里就拿了一个写着“科学家”的小纸条；有的人从小就立志当艺术家，他手里就拿了一个“艺术家”的小纸条。可是，我觉得我手里拿的这张纸条糟糕透顶，它模糊不清，我半天都看不明白它上面到底写的是什么。我一直在想：上帝啊，你写这张纸条的时候是手哆嗦了，还是笔没墨水了？

最可气的是就连我儿子都有一个小纸条！他从小就特别喜欢动物，可以背下来很多动物知识，他知道在非洲幸存多少只狮子，甚至能精确到每一个国家。我儿子有一个偶像叫珍妮·古道尔博士，她从小就非常喜欢动物，20岁的时候她就只身去了非洲。为了研究黑猩猩，她在野外生存了38年，今年已经80岁了，每年中的300天还在全世界飞来飞去，推广青少年的环保教育。有一天，在珍妮·古道尔基金会的一个午餐会上，我正好坐在她的对面，就跟她讲了我儿子的故事。午餐会结束的时候，珍妮·古道尔博士送给我一张她签名的照片，上面写着：

Good luck. Follow your dream. Don't give up.

（祝你好运！跟随你的梦想，永不放弃！）

我回去就把这张照片送给了我儿子，他很开心。然后他问了我一个问题："妈妈，你的梦想是什么呀？"我一愣说："我不知道。"我5岁就上了小学，而且多亏我富有远见的妈妈，我又跳了一级，所以10岁的时候我已经上初中了，16岁就上了大学，24岁我在美国读完工商管理硕士。一路下来，我其实就是试图在老师和家长给的所有的选项中选择一个最好的。毕业以后，我像所有人一样，忙着成功。我也很幸运，在追逐成功的这条路上，我算是走在一条快行道上，甚至我的整个人生都是一个被快进的人生，只是突然有一天，我醒来发现自己都不知道自己要快进到哪儿去了。

我儿子听我说的时候在餐桌的另一头，小小的身子陷在儿童椅上，他正在吃意大利面，满嘴糊的都是红红的意大利面酱。他看着我，挥着手里的叉子，用无比坚定的语气说："妈妈，等你长大了，你想做什么就做什么，别管别人说什么！"

听到这句话，我的眼泪唰的一下就下来了，妈妈已经长大了，但还是不知道自己到底要做什么啊！而且更糟糕的是，我还是那么在乎别人说什么！我怎么就这么不幸，都还不如一个 10 岁小孩。可是为什么会这样子呢？我 10 岁的时候在做什么，想什么呢？难道我就真的从来没有梦想吗？

试想，如果你是在一趟快车上，试图想要看出来自己要去什么地方，那几乎是不可能的。所以你只有两个选择，要不然就是慢下来，要不然就是跳车。慢下来是不太可能的，因为人在江湖，身不由己。所以我最后还是选择了退出江湖——跳车。我要跳下来，先看看，研究一下。因为梦想这个东西，其实挺花时间的。

在我决定辞职后，就跟我妈说，我想把你帮我省的那两年的时间，一分钟一分钟地浪费回去。

因为我知道，梦想不是名词，如果你仅仅把它当作一个名词，它就是梦里想的那个东西而已。梦想是一个动词，“to dream”，其实就包含着去尝试、去探索这个概念。但是各位，如果你们曾经做过任何的探险活动，你们就会知道，上路的时候一定要一身轻。如果你扛着一身的包袱，你扛着你的标签——你是学会计的，你是好学生，你是全职妈妈，当你带着这些沉重的标签上路的时候，你是走不远的。所以，你只能撕掉标签，我撕了，所以今天大家看到了这本书。

生命是一场盛宴，我已经准备好盛装赴宴！

你呢？

接下来的 8 章，我们将从面试、转型、工作汇报、获取资源、领导力、销售、教导、创业这 8 个应用场景，告诉大家实际生活中应该如何讲好故事。

小结

“自我推销”这个词听起来好像不好听，但是，我们每个人都是你自己这家公司的 CEO，都掌管着“你”这个个人品牌，你不把自己推销出去，还指望着谁做呢？然而，人与人从陌生到熟悉，到最后能够建立某种合作关系，都一定会经历 5 个步骤：认识你，记住你，认同你，信任你，选择你。

如果你希望通过自我介绍获得和对方进一步的合作关系，就不能仅仅停留在讲外在的东西，而是要借助故事讲出你的内在动力和价值观，帮助听的人理解你，认同你，由此引发联想，形成某种程度的信任，最终选择你。

这就是为什么做自我介绍的时候，人们需要这 3 个故事：“我很牛”的故事，证明你的能力；“我为什么……”的故事，凸显出你的价值观和内在动力；“我的改变”的故事，提炼出你从过往经历中学到了什么，从而成了今天的自己。

小练习

对你来讲，帮你建立信任的 3 个故事，哪个故事会用到的比较多？哪个感觉讲起来会有困难？

“我很牛”的故事——证明自己能力的故事

“我为什么……”的故事 ——凸显你的价值观和内在动力的故事

“我的改变”的故事——通过分享你的成功或失败经历让对方感受到你的成长的故事

第 10 章

讲故事，让面试成功率提升一倍

品格就像一棵树，名声就像树影。树影是我们对它的看法，树才是真实的东西。

——亚伯拉罕·林肯

先问你一个问题，你认为面试的实质是什么？

A. 让面试官认识你。

B. 让面试官喜欢你。

C. 让面试官你为你折服，觉得你特别牛。

D. 以上都对。

你的答案是什么呢？其实，以上都不是！站在企业和 HR 的角度考虑，一个萝卜一个坑，面试是为了选择合适的人，把他放在合适的位置上。因此面试的唯一目的就是要让面试官认同你。认同你的能力、潜力、价值观跟公司和岗位的要求是相互匹配的，认同你就是最适合放进那个坑里的萝卜。至于你有什么爱好，是喜欢跳舞还是爱好旅行，对 HR 来说，根本不重要！

因此面试成功的原因只有一个：证明了你是这个岗位上最合适的人。然而面试失败的理由，那就数不清了，篡改简历，编造事实，穿着邋遢，没有逻辑，答非所问…… 这都是面试者的死穴。

不过这都不在我们讨论的范围内，我们要讲的是，你有一份漂亮的简历（这是为什么你有面试的机会），简历上的经历都是真实的，你也有逻辑地将它们讲给面试官听了，可是为什么他们还是没有选择你？

面试常见的3个误区

误区一：把自我介绍当成简历内容的简单重复

基本上在每次面试中，面试官都会从这个问题开始："请介绍一下你自己。"作为面试官，我面试过上百人，对于这个问题，他们的回答五花八门，但大致可以分为以下几种。

一种是短小精悍型："我叫××，在上一家公司做×××职位，希望能够争取您公司×××的职位。"完了。这就像手机里的音乐刚开始播放，电量就突然耗尽的感觉一样。

还有简历复读机型："各位老师好，我叫××，今年×岁，毕业于××学校，××专业，在学校我做了×××，我爱好旅游看书……"一串话说完，根本没有停顿，一看就是事先都背下来了，如果不拦着，他会完整地把简历背一遍！

我曾经还遇到过让人极其心塞的版本："我叫×××，我的经历简历上都写了。"当然，听完这句话，我们的面试也很快就结束了。如果所有要问的信息都能在简历上看到，那还费那个劲儿面试干什么呢？

这就是面试者的常见误区之一：把自我介绍当成简历内容的简单重复。

面试官之所以把自我介绍当作第一个问题，就是希望在面试的一开始对求职者有个更全面的了解，这是让求职者从简历中走出来的第一步，问题答案的好坏，有时候甚至会直接决定面试结果。

很多人会想：面试官问这个问题不就是想要知道我能干什么吗？可如果是那样的话，直接给你一份考卷或者让你做个案例不就完了？根本不需要面试啊！所以，聪明的面试者，懂得在这个时候讲一个“我是谁”的故事，而不是一个简单的“简历故事”。

误区二：自称很牛，总是跟面试官强行表白

你可能会想，那“我是谁”的故事还不好讲吗，不就是夸自己，显得我人好能力强嘛！于是，你可能一个劲儿地说自己聪明能干，勤奋努力，又特别有团队意识、领导力强，总之就是各种好。但你这么说了，面试官就信了吗？当然不会。

面试中的第二个误区就是，向面试官强行表白“我会做×××，我做过×××，我可以做×××，我是一个勤奋好学，努力干活还不搞事儿的好员工”。但问题是，你说你行，不代表对方就真正认同你。

误区三：我总是成功，从不失败，一帆风顺才能证明我行

面试中的第三个误区就是不停地讲成功案例，失败案例一笔带过。然而作为过来人，我们都知道，一帆风顺只能证明：（1）你运气好；（2）你不真诚；（3）你一直待在自己的舒适区。一个人的个性和才能只能通过历练和磨难来展示，在故事里，这些就是通过激烈的冲突来呈现的。

如何讲好自我介绍，提高面试成功率

每次为一个比较重要的职位寻找合适人才的时候，猎头为了帮助我们做决定，都会把面试候选人分为三类，供我们筛选：

第一类：资历过高。这一类人能力强，过去的经历经得起考验，在同等或更高的职位上有过出色表现，不过有一个很大的问题：他们不一定愿意“低就”，还有就是薪酬要求高。

第二类：刚刚好。这一类人通常还分两种：第一种，能力强，但是潜力不怎么样，可以做现在的职位，但是看不到更好的将来；第二种，能力强，潜力也好。通常面试官都最喜欢这一类人，但是这一类人一般都在自己原岗位做得好好的，除非出高价或者公司平台特别好，不然谁要承担风险换工作呢？

第三类：高潜人才。其能力，可能差那么一点点；经历，可能

也差那么一点点；但潜力特别好，稍稍培养，假以时日，就能够成为团队中的突出贡献者。薪酬要求还不高。

你猜一猜，大部分的用人单位会选哪一种人呢？

高潜人才。

汉语词典是这么定义潜力的："潜力是潜在的尚未发挥出来的力量。"能力，多少可以通过过往经历来证明，那么潜力呢？既然没有发挥出来，那么要靠什么来确定呢？靠推测和想象。想象什么呢？想象你过往的能力如何迁移到新的岗位上，并发酵出更强的能量。

在这本书的一开始我们就告诉大家，故事的一大特征就是能够激发听众的想象。所以，让我们来看看，如何讲一个"我是谁"的故事，既能彰显你的能力，又能证明你的潜力。

面试官的法宝 STAR 模型，知己知彼才能胜出

HR 在面试的时候，常用这样一个工具—— STAR 模型。他们套用这个模型，通过对候选人过去行为的判断，来预测他将来在新的岗位上的表现。

S：代表情境（situation）。要求求职者描述曾经遇到过的一个情境，讲清楚相关的背景信息，以及自己在这个情境中的角色。

T：代表任务（task）。说明在上述情境中承担了一个什么样的任务。

A：代表行动（action）。说明针对这样的情境和任务，你采取

了什么样的行为。

R：代表结果（result）。说明所采取的行为取得了什么结果。

你看出来了吗？STAR模型不就是一个完美的故事模型吗？“情境”和你当时的“任务”，其实就是一个故事的背景和冲突，情境有多复杂多困难，任务有多艰巨，冲突的墙就有多高。你解决这个问题的“行动”，体现的就是你的能力。事件最后的“结果”可以是你的成就，也可以是你的学习成长。

之前讲过，冲突越强，体现的能力就越大，我们看看怎么用STAR模型，向面试官证明我的故事吧！以下是一个来自《用故事讲出你的影响力》学员的真实故事。

> 我有次在面试集团公司高级HRBP（人力资源业务伙伴）职位的时候，被面试官问到了“变革意识”，我在面试之前仔细了解到这家公司目前处于变革阶段，希望HR团队的人能够在变革过程中起到积极的促进作用，因此，我给面试官讲了一个我自己经历过的变革故事。
>
> 两年前，我在一家有2 000人左右员工规模的制造业外企做人事主管，负责培训工作，那一年，公司业绩大幅下滑，出于主动或被动的原因，公司高管纷纷离职，人员招聘也冻结，员工士气极不稳定，公司未来发展方向也不明确，就像在经历一场被动的变革。
>
> HR部门也被波及，短短三个月的时间，HR部门的人员流

失接近 30%，但工作流程与工作量并没有因此而减少。在职员工的心态也受到很大的影响，同时又承担了更多的工作，并且短时间看不到未来的出路……HR 部门在每个公司都是风向标一样的存在，我知道，我必须要在力所能及的范围内，做一点不一样的事情，让这个局面有所改善，否则后果不堪设想。

在这样的状况下，我和部门另外一位平级主管一起，顶着极大的压力，利用下班后的时间，和骨干员工以及一些主要部门的管理者单独沟通，了解大家的想法及其对 HR 部门的期待，之后经过反复的讨论，我们初步确定了内部变革方案：优化现有工作流程和内容，设计出新的岗位与职责，提高内部人员岗位轮换频率，在不影响工作结果的前提下，将之前的三组人员合并为两组，赋予其中一组新的职位与职责，也相应对另一组员工进行工作调整，在人数不变的情况下，让每个人都承担了一些新的工作职能。

计划形成之后，我们先是向 HRD（人力资源总监）汇报，发现了几个可能出现风险的地方，完善后将方案向集团汇报，集团起初并不同意这样的变化，但在我们拿出了具体的数据与分析过程，以及对后续影响的预估之后，他们抱着“走着瞧”的心态持保留意见。

一系列内部沟通之后，作为 HRBP 的团队管理者，我又继续拿着这个方案向全公司做整体宣讲，以及同每个部门单独沟通。这样大大简化了内部沟通的成本，并且在流程上对业务部门给予支持。结果是业务部门整体上没有特别大的反对声音。

整个内部变革过程持续了大约三个月的时间，在初期，HR 部门空前团结，每周我们都会就实施过程中的细节开会讨论，一些之前没有意识到的风险和问题不断暴露，但是大家没有让交接过程有任何空隙或盲点，因此业务部门对我们的满意度达到前所未有的高度。部门里的每位员工都在积极地学习新的业务，在职业生涯发展上都有了新的目标，这激发了大家工作的热情和动力，也在公司树立了标杆。

最让我欣慰的是，在内部变革开始实施后的 6 个月之内，HR 部门员工主动流失率为零，公司业务部门对 HR 部门的满意度上升了 5 个百分点，集团 HR 部门把我们的内部变革当作整个集团的年度最佳实践，号召整个集团向我们学习。

在这整个过程中，对我而言，我经历了从一开始的茫然无措，到坚定地想要做点事情，继而开始积极准备与沟通，遇到困难没有放弃，而是尝试各种不同的努力，凡此种种，都让我意识到积极心态和拥抱变革的巨大力量。

在这个故事里，我们可以清晰地看到 STAR 模型的应用，相信如果你是面试官，听完这个故事，不但会认可这个候选人的能力，更会认可她的潜力。

“你为什么选择我们公司？”——用故事讲出你的价值观

我们前面讲过，介绍自己的时候需要展示自己的内在和外在实力两个层面，外在实力是你的能力、资源，而内在实力是你的价值观和内在动力。这两层加在一起，才得出了你到底是谁。

这就是为什么面试官最常问的第二个问题就是：“你为什么选择我们公司？为什么想要应聘这个工作？”通常你都怎么回答呢？“因为听说你们薪水高？”这就跟交女朋友的时候，人家姑娘问“你为什么选择我”类似，如果你说“因为我这长相也就能找你这样的”，那她一定气坏了！

谁不想赚钱啊！你不说人家也知道。所以HR问出这个问题，更想知道的是除了钱之外，还有没有其他的内在动力驱使你？你的价值观与公司的价值观和文化是否匹配？当公司遇到挑战的时候，你是否靠得住？所以，准备回答这个问题之前，一定要对面试公司的文化有充分的了解，知道这个公司里都是什么样的人，什么对这个公司来说最重要。

很多人对面试有一个误解，总觉得面试就是面试官或用人单位对候选人的考核。其实，面试应该是一个双向选择的过程，也是候选人对于自己和公司文化是否契合的判断过程。一份好的职业，一定是你的能力和岗位需求互相呼应，你的价值观和公司愿景互相匹配的结果。所以对你来说，了解公司文化和用人标准也是一次选择的过程。

那么，当你知道了面试公司的价值观，怎么证明你就是那个与其“三观”相符的人呢？总不能说“因为华为是一家以客户为中心的公司，我也是吧”？所以要怎么证明呢？

首先，价值观跟免疫系统一样，平时没什么用，你也不会特别清晰地知道自己到底有什么价值观。它只有在关键时候，尤其是面对选择的时候才起作用。比如：找对象，谁都想要一个长得美，身材好，贤惠又能干的女朋友，但是要让你在以上几样中选择一样的时候就难了。找工作也是一样，谁都想要钱多事儿少离家近的工作，可如果必须选一样，我们就纠结了。

其次，当什么事儿是自然而然的，根本就不需要做什么特殊的努力时，就谈不上什么价值观或者动力了。比如吃饭，谁都得吃，你说你每天都选择吃饭，这就是废话，但是如果你说你在减肥，讲你如何忍着饥饿不吃饭，这就成了一个价值观故事了。因为你面临了一个艰难的选择。

基于以上两点，你就知道故事要怎么讲了，首先，这个故事里一定要有选择上的冲突；其次，你一定需要做一些特殊的努力，那才可以凸显你的价值观。还记得我们讲过无冲突，不故事吗？冲突越强，你想要体现的价值观也就越强。

所以你在讲你的价值观故事的时候就可以套用这样的一个模型：因为 ×××（价值观）对我很重要，即使 ×××（面临什么

困难 / 冲突），我还是选择 ×××（做了什么）。

比如，假设我去面试的一家企业最注重的价值观是“诚信”，那我就会讲一个自己当年真实面对的涉及“诚信”的经历。如果套用这个模型，那就是：因为诚信对我很重要，即使面临的问题难以解决，我还是选择了通过正当渠道沟通而不是不择手段。当然，这样讲只能算是个“骨架”，还不算是一个故事，如果把“肉”加上去，那么这个故事就可以这么讲。

> 我在之前公司的时候，有一次因为一个历史遗留问题，公司有可能被罚款几百万，但在公司看来这样的处罚是缺乏足够依据的。当时我被老板派去解决这个问题，看能不能不罚款或者少罚一些。那时候，我和团队几乎每周都要一大早坐上高铁去和当地相关部门沟通，交涉了很久，但问题都像皮球一样被踢来踢去，大家都很绝望。其中有一个下属就提出，要不然给经手的人点好处，把这事儿打点了得了。
>
> 我当时就对他说：“我理解你的心情，我也很烦，天天到处求人。但是老板曾经跟我说过这么一句话：‘如果明天报纸的头版头条登的就是你做的这件事，你觉得可以登吗？如果可以，你就去做，如果不可以就不要做。’所以，你好好想想，刚才你那建议能达到这样一个标准吗？”那个下属说“肯定不能”，我说：“那不就完了，咱继续想办法解决吧。”最后我们通过各种沟通，反复游说，找相关证据，总算是把问题完

美解决了。

这件事情背后体现的是什么呢？既是我的价值观，也是公司的企业文化。这个故事看似没有提到“选择”这两个字，但是你能看出来背后的选择。

所以讲故事的最大作用之一就是证明。最好的证明，就是因为你觉得这个“价值观”重要，所以不管发生了什么困难，无论结果如何，你都会坚守这个价值观。说到价值观就一定会涉及选择。讲故事就是不仅要告诉别人你的选择是什么，还讲述了你选择的过程。在那个过程中，你的纠结，你的痛苦，你的努力，说明了你为什么做出那个选择，那个“为什么”就是你的价值观。而如果没有那些选择上的冲突，你就无法体现你的价值观。

“你有什么缺点？”——短板故事怎么讲

“你最大的缺点 / 弱点是什么？”这是一个 HR 常问，但是大部分面试者都不知道怎么回答的棘手问题。我的一个 HR 朋友表示，她见过的这个问题的答案还真是五花八门，把各种奇葩的答案列出来，可以出一个爆笑特辑了。比如，还真就有人说过：“秃头算不算。”

第一，诚实与真实，是获得信任关系很重要的心态。

遇到这样的问题，千万不要给一些自作聪明的答案。比如“我最大的缺点就是追求完美”或者“我有时候工作太过努力了”。面试官很清楚，没有一个人是完美的。如果一个人说自己“没有缺点”，那只有两种可能。第一种可能是，他是一个盲目自大的人，从未认真审视过自己。如果把这样的人放在一个团队里，他就跟不定时炸弹一样，别人只要跟他的意见不一致，他立马就炸。任何一个老板都不会希望在自己的团队里安一颗炸弹。

第二种可能就是，他没有勇气正视和改变自己的缺点，怀着一颗玻璃心。这样的人其实经不起压力和打击，稍微有点儿挫折就受不了。在这个充满变化和未知的时代，坚强靠谱的人才能“行走江湖”。招个林妹妹回来供着，也犯不着啊！

适当地显露自己的问题和脆弱也是建立信任的一种方式。一个人如果能够正视某个缺点，并且将其讲出来，就证明了他对这个问题是有所觉察的，也知道相应的解决方案。

第二，找一个不致命的，经过努力已改进或可改进的、可控的弱点来讲。

当然，这个“短板”也不能随便讲。要讲，一定要挑一个不致命的，经过努力已经改进了或者可以改进，至少可以控制的弱点来讲。

这里所谓的“致命”包括两个方面，一个是职场通识方面的。比如有严重的情绪问题，不喜欢积极尝试，等等。（我曾经面试过一个姑娘说她很难控制情绪，偶尔会和老板发生摩擦，吓坏我了。）另一方面，是对应聘职位本身来说致命的缺点。比如一个人“对数字不敏感”，如果要应聘的是一个新媒体小编的工作，这个缺点就是不痛不痒的。但是如果应聘的是一个“数据分析师”或者是“财务经理”职位，那我就只能怀疑你是入错行了。

第三，讲的过程中要通过“换框”将听众的注意力转换到“解决方案”上，建立他们对你的信心。

找到一个不致命且可以改进的“短板”后，又该怎么回答这个问题才能答出风格，答出水平呢？这就要用到神经语言程序学中的一个法宝——“换框”。

想象一下，如果你把一个画框举到眼前，你看到的世界其实是这个画框中的，框里面是你所选择的信息，也就是你认为与当下相关的信息，框外面是被你“淘汰”的信息，即无关信息，差不多 99% 的信息被我们判断为无关信息。这种选择通常是潜意识的，由我们常年的思维习惯决定，所以这个“框”也叫“思维框架”。

此时如果你把这个“框”换一个角度，或者换一个位置，那么你看到的世界也会因此有所不同。在心理学上，对某事物进行“换框”意味着为当下的情景设立了一个新的思维框架，从而改变或者拓展了我们对事物的认识。

故事是一个很好的“换框”工具，因为好的故事可以直接进入听众的潜意识。讲一个你的短板故事来为你的听众换框，你就可以使他们不再局限于讲你的弱点，转而通过故事中的“冲突—解决冲突—完美结局”帮助你的听众把焦点转换到“解决问题”这个思维框架里。

具体怎么操作呢？接下来就讲讲我的一个弱点吧。

我是一个主意特别多的人。这个特点如果放在我 20 多岁时作为团队中的一名个人贡献者身上，可能还是一个难得的优点。可是作为创业公司的老板，这就是一个特别明显的弱点了。怎么说呢？

2018 年，我们的客服小姑娘离职了。我就跟 HR 说，咱们这次得招一个稳定一点儿，没什么野心的，最好能把我们的行政工作也做起来的人。于是 HR 写了一个招聘“行政大总管”的职位描述，发出去了。面试了两个之前做行政和客服的人之后，我跟 HR 说：“不行啊，她们怎么都没灵气呢，对市场一点也不了解。”

HR 又费力地找了一通。我面试了两个之后又说：“我们好歹也算是个互联网创业公司，要做这个职位，怎么都得有点互联网运营的概念吧。”

HR 的小姐姐就怒了：“招行政和客服，需要的条件是‘细致稳定有耐心’，做市场和运营需要的是“大胆创新有魄力”。这是完全相反的两种人！您能不能想清楚，您到底要招一个什么人啊？这么看下去没完没了了。”

我开始自我反思，我的“主意多”如果用在开拓市场、开发产品多样性方面，就能为公司提供各种可能性和丰富的资源，能为公司增值。可是如果用在需要做决策的具体事情上，就容易变成“朝令夕改”“摇摆不定”，会给执行的人带来困扰。

于是从那以后，每次我脑海中冒出来“哎，我有一个新想法”的时候，我会在脱口而出前问一问自己：这是“方案”，还是“决策”？如果是方案，是需要头脑风暴开脑洞的情况，我就让大家知道这就是个主意，他们可以反驳我。但如果是大家已经讨论过了，有过共识的“决策”，我就深吸口气再好好想想，有必要推翻之前的决策吗？

在这个故事里，我看似在讲“弱点”，但是通过寻找冲突解决方案，给自己的“主意”增加了一道过滤系统，我的这个“弱点”变成了一个可控的“弱点”。而且倾听下属的负面反馈，也同时传递了我是一个懂得及时自省，能听得进去意见的领导。

任何一个“弱点”都是双刃剑，用好了能杀敌，用不好就会割到手。所以，我们需要做的是正视自己的弱点，寻找一个能够解决或管理它的途径。并且在讲的过程中通过“换框”，转移听众的焦点，让自己的弱点也能成为证明自己能力的利剑。

小结

面试的实质，是把合适的人放到合适的位置上。这不仅仅是一个用人单位考察候选人的过程，也是一个面试者衡量自己是否和这个公司的文化、价值观相匹配的过程。

在面试中讲好故事，既能证明你的能力，也能让面试官通过联想看到你未来在公司的发展潜力，同时还能进一步认同：这个人跟我们的公司文化是相契合的，我们这一段关系将有一个长久的将来。“换框”则可以把听众的焦点从你的短板转换到你是如何克服你的弱点的。

小练习

想一个你的弱点（千万不要告诉我你没有哦），然后想想如果你明天去面试，面试官问你：“你有什么弱点？”你会怎么回答？尝试用“换框”的工具来解释。

第 11 章

面临转型、转行、斜杠、转变，如何讲才能让人信服

人生就是一场多幕剧。

——莎士比亚

几年前，我刚从大公司出来创业的时候，有一段时间我感觉自己很像祥林嫂，逢人就讲为什么人到中年追求梦想还不算晚。那段时间我的演讲和文章说的好像都是这点儿事—— 为什么我要放弃百万年薪，自找苦吃追求那个叫作梦想的东西。

无论是你决定从全职妈妈的状态中走出来去工作，还是从传统的大公司跳到互联网公司，或者像我一样从高管变身成为一名创业者，对转型、转行或者任何想从既有轨道上偏离，做一些新的尝试的人来讲，一个特别难以突破的点就是让别人理解你的转变。

从意愿上来说，你的转行或转型对你来讲很有道理。但对别人来讲，人家很可能觉得你要么是一时兴起，要么是走投无路。从能力上来说，我们评判自己能做什么，依据的是我们认为自己能做什么，而别人判断我们，却是依据我们曾经做过什么。所以，很多人在跟别人解释自己的转变时都会撞到这两个墙上：

- 这个转变对我很重要，为什么别人就是不理解？
- 虽然我看似没有相关的经验，但我真的可以做到，为什么别人就是不相信？

所以，怎么才能在意愿和能力两个方面让未来的雇主、客户、合作伙伴了解并信任你呢？如何把你的过去和你的现在结合起来，重新打包、塑造一个新的个人品牌，让别人觉得没有丝毫违和感还感觉挺有道理？如何讲好自己的心路历程，既能打动别人还不自说自话？

在这一章，让我们来看看当你跟别人解释你的转变的时候，如何让别人理解你为什么要转换赛道。这个道理不仅适用于个人的转变，它同样也适用于公司的转型。因为这个故事的关键就在于要让听众理解“我是谁 = 我的过去 + 我的改变”，重点就在于要突出“改变”的原因，“改变”的实力和“改变”的过程。

如何解释改变的原因，让他人相信

假如你原来是程序员，不幸被裁员了，因为你在原来的行业找不到合适的工作，所以才想创业开一个教小孩写程序的工作坊。当潜在客户问起你为什么做这么一个项目时，你说：“我那时候被裁员了，又找不到合适的工作，所以我想要换一个行业。”如果家长听到这样的解释，会怎么想呢？反正如果我是家长，我可不想让我们家孩子为你的那个没有选择的选择埋单。

其实，我们做的每一个改变背后都有一个或多个动机支持。这个动机有可能是外因，比如你被裁员了，或者跟着家人来到另一个城市，也有可能是内因，也就是内在动力。然而，大部分人在讲自己的转变时，要么搞不清楚自己的内在动力到底是什么，要么觉得说出来显得太做作。殊不知，内在动力才是让一个人、一个公司走得更远的原动力，所以，想要讲好一个转变的故事，你首先需要明确的是自己究竟为什么要做这样的转变。

将外在动力转化成内在动力，就给了别人一个相信你的理由。

什么是内在动力？爱，自由，归属感，意义，好奇，精通一门手艺，内在成长，自我实现，这些马斯洛理论金字塔顶层的需求都可以被称为内在动力。简单总结就是即使没有外在的金钱、地位、他人的认可，你仍然想做的事儿。比如我当时辞职创业，纯属是因为一颗躁动的心——我就是想知道我这个中年妇女到底还能折腾出什么东西？这是一种对生命意义的探索，如果我不折腾我就难受。这是我的价值观也是我的动力。

当我们在做一件事情的时候，通常会既有外在动力又有内在动力，但真正能够和听众产生共鸣的部分永远都来自内在动力，那些内心真正向往的东西，比如梦想、愿景、幸福感……或者是大家都恐惧、想要逃离的东西，比如死亡、失去、悔恨等。

因此在讲转型故事的时候，最重要的就是把外力转化成内力，多强调内因，少谈外因，否则你的故事听起来就会很单薄，比如在刚才的那个案例里，如果故事是这么讲的，是不是效果就很不一样呢？

> 我当时被裁员了，这给我带来的打击特别大，在此之前我从来没仔细想过自己到底要做什么。反正我是学计算机的，毕业以后做软件不是理所当然的吗？有了孩子以后，我一直对做教育很有热情，不过我觉得那就是个爱好。但是，被裁员后待在家里的那几个月特别痛苦，正好我朋友是教练，平日里都在帮助别人解惑，我就去找她开解开解，聊着聊着我发现我其实对帮助人，尤其是青少年特别有热情。所以，我最后决定就做一个教青少年编程的项目，这既可以用到我的强项，又是自己有热情的事业。

在这个故事里，如果强调因为我被裁员了所以才做这个项目，那就是在强调外因，而如果你强调因为我想要找到意义，希望帮助别人，这展示的就是内因驱动的改变。一旦你为自己的转变赋予了一个“内核”，这个故事的力量就会大得多。

如何证明自己的实力，让人理解你独特的价值

转变的动力固然重要，但是如果只有动力，没有实力，那你的故事就只能用来感动自己。有一部纪录片《燃点》，讲的是为什么创业者会全身心投入自己的事业，片中罗永浩、papi 酱的故事感动

了很多人。然而也有人质问：光有燃点，没有燃料，这样的创业真的值得提倡吗？

的确，通常在转型或转行的时候，你都会进入一个全新的领域。在这个领域，你很可能是个新人，是个圈外人，你过往的经历和经验很可能在现在这个领域完全没用，你跟这个圈子里已有的大咖比起来优势不明显，别人为什么要选择你呢？就因为你有情怀吗？所以，在讲你转变的故事的时候，你还必须证明你能为他人带来独特的价值。

这就是转型故事必须要有的一个关键点：将你过去的亮点迁移到现在，把你之前的故事元素重新组合，说出一个新的故事来，这个新故事必须能体现出你独特的价值。

2018 年年初的时候，为了推广“职业教练”，我们尝试做了一个教练平台，帮助学员在线上约见教练，并开始物色平台推广负责人。有一次我们找了一批教练来做需求调研，其中一位教练，刚刚辞去做了 14 年的 HR 岗位，成了一名独立教练。在会上，她给我们讲了一个她转型失败的故事，讲完之后，我立刻决定聘用她。她当时讲的故事是这样的：

我辞职已经三个多月了。我当初学教练，是觉得作为 HR 很多时候感到很无力，比如 2018 年我在处理一起工伤事件，面对伤亡者的家属，我忽然觉得我从前学过的所有管理学、

HR的流程、模型、工具都没有用了，特别无助。在一个朋友的引荐下，我开始学习教练，我发现面对焦虑、情绪、纠结等一系列问题，教练是一个特别有用的工具。（内在动力驱使的改变：想要帮助他人）

经过了一年多系统学习和认证，我鼓起勇气辞职出来，想要做全职教练，希望能够帮助到更多的人。可是这三个多月里我发现，希望太丰满，现实很骨感，这点“希望”根本养不活我自己。（遇到的冲突）

我和朋友尝试过群发短信，和不同的平台合作线下沙龙，向一些企业进行宣传，可现实无情地告诉我：能够为教练花钱埋单的人少之又少。在一个不成熟的市场里，我们得先让大家知道“教练是什么”，然后才能让别人知道“我是谁”，最后才有机会让客户为我埋单。（从中学到的道理）

我觉得推广教练这件事，凭借几个人之力是做不到的。需要抱团，然后用专业的营销手段去影响市场，最好能够从企业HR入手，从公司到个人，一步一步地让更多的人知道什么是教练，之后才会有更多的人为此埋单，我们也才能养活自己，同时帮到别人。（她的建议）

虽然她从来没有做过推广，也没有做过销售，但她在自己的故事中展现了：

1. 她对教练这项事业有热情和完善的认知；
2. 她学习了教练，具备做教练的专业技能；
3. 她努力开拓客户的尝试，虽不成功但让我看到了她的市场意识和行动力；
4. 她有失败的经历，能够从失败中总结出经验，说明有很强的学习能力；同时，失败的经历让她清楚地知道推广教练不容易，更能够脚踏实地去做事，不说空话。

所以当时，我在众多教练中一眼就发现了她，邀请她进入我们团队负责教练平台的合作和推广，以及企业项目的对接。比起招一个对职业教练一无所知的销售，我更相信她，她对教练的热情能够给我带来更大的价值。事实证明，她也确实迅速上手，很快就开始发挥过去的优势，并在新的领域大展拳脚。

英雄之旅：80%好莱坞影片都会用到的故事模型

我在公众号曾经讲过我们家“阿姨”如何蜕变的真实故事。她刚来我家的时候，是一个只有初中文凭，16 岁的叫“小二”的东北姑娘，后来她在我家做了 7 年保姆，不但耳濡目染学会了半吊子的英语，还拿到了北师大幼儿教育的函授文凭，最终成功申请到去美国做互惠生的机会，现在“小二”已经在美国结了婚，买了房，拿了绿卡。这篇文章收获了“10 万 +”的阅读量和很多想到我家做“阿姨”的申请。

为什么个人转变的故事这么受欢迎呢？就好像灰姑娘这个老掉牙的故事，都听了千百遍了，但是迪士尼在 2015 年把它重新拍成电影的时候还是收获了不俗的票房。因为人们对白手起家，乌鸦变凤凰这样的故事有着一种说不出来的认同和向往。所以，一个蜕变的故事如果讲好了，会非常深入人心，并且能够表达出意味深长的道理。

经常有人羡慕我从高管到创业公司 CEO 这样的蜕变，其实，哪有什么华丽转身？每一次转身都无比艰难，活生生就是追梦中年人的血泪史。经历过这种蜕变式成长的人最能理解那种让你掉好几层皮的疼痛过程，最能够把这个过程讲好的故事模型非“英雄之旅”莫属。

“英雄之旅”这个概念来自美国著名神学家约瑟夫 · 坎贝尔。他发现人类历史上，无论任何文化，神话也好，童话也好，似乎都建立在“英雄之旅”这一基本构造之上。这个构造基于一个故事的核心——所有的故事最终都是为了让主人公找回原来的平衡或者进入一个新的平衡。具体来讲就是：一个人本来在自己平凡的世界里活得好好的，但是后来有个触发事件打破了他的平衡，于是他不得已告别过去的生活，开始进入一个新的世界，然而在这个新的世界里，他面临了新的挑战，结识了新的盟友，找到了新的导师，最终经过种种磨难，他克服了终极考验，实现了转变，并且进入一个新的平衡（见图 5）。

好莱坞剧作家克里斯托弗 · 沃格勒结合约瑟夫 · 坎贝尔的理论和卡尔 · 荣格的心理学观点，在他的《作家之旅》一书中提出了“英雄之旅”的故事模型，并将“英雄之旅”分成 12 个阶段。这个故事模型被当作好莱坞电影人必读，可以说，80% 的好莱坞电影都是按照“英雄之旅”这个框架搭建的。你也许会说好莱坞大片跟我有什么关系？莎士比亚说过：“人生就是一场多幕剧。”照这样，其实我们每个人都是自己生活的编剧，无论对于职场还是人生，我们的成长和转变过程也是我们自己的英雄之旅。

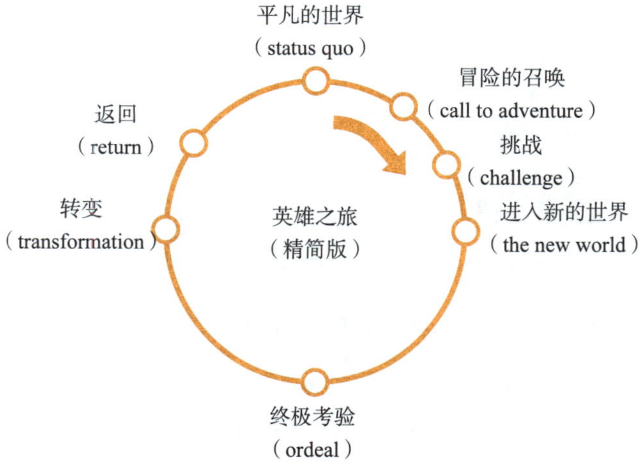

图 5　英雄之旅故事模型

当然，现实生活中，并不是每个故事都严格地按照“英雄之旅”这个过程发展，而且其中的几个阶段也并没有严格的定义，但作为讲故事的一个框架，这既是一个非常值得参考和学习的理论，也是一个可以应用在很多场景中的故事模型。首先，它可以被用作给别人讲自己的蜕变和成长的工具，其次它可以被用来阐述一个产品。一家公司的发展，很多路演演讲都是这个框架的变形，因为它充分展示了一个创业者和一家公司经历的坎坷和演变。最后，它还可以被用作致敬团队和老板，把那些说不出口的感谢表达出来。

我在英国读在职工商管理博士的时候，曾经用“英雄之旅”这个框架对我 7 年的博士学习和个人转变做了一个 5 000 字的回顾，为了能够让大家更形象地理解这个模型，我把它精简一下跟大家分享：

平凡的世界

6 年前，我在平凡的世界里享受着我的外企生活，但在我内心深处总有一个小小的声音，一直在问我：“有一天，当我离开现在公司这棵大树，蜕去这些耀眼的光环，我是谁，我又能干什么呢？”我没有答案。

尽管我也渴望成长，但外企的工作环境如此舒适，作为一个上有老，下有小的中年妇女，我可不想冒太大的风险换工作，更不要说什么创业了。

冒险的召唤

正好那时候公司有个高管培养计划，可以送几个高潜人才去英国读在职的工商管理博士，我毫不犹豫地就报名了。以前学习，要么是为了得到父母和老师的认可，要么是为了找个好工作，这是我第一次因为想学习才学习的。不过我也必须承认，想要在名片前加个“博士”头衔的虚荣心还是有的。

挑战

从小到大，我虽然算不上什么好学生，但怎么说也是一路重点学校考上来的，所以我当时想得很简单，学习谁不会啊，考试能难倒谁啊？然而第一模块一开始，我就觉得不对劲儿了。原来在英国读博士根本就不考试，纯靠做研究，写论文啊！

进入新的世界

新知识

然而，在中国传统教育环境中长大的我，其实并不太理解“批判性思维”的具体含义。潜意识里，我将其等同于带有负面含义的“批评”。所以，当我被告知在阅读参考文献的时候要挑战其假设、逻辑、论点、论据等，最后发展出我自己的观点的时候，我和我的小伙伴都傻了。

新伙伴

不过在某一个方面上我不傻，那就是在一开始，我就想，得拉一个陪读的！我跟老公说："既然我们俩是在美国一起念工商管理硕士时认识的，不如就一起去英国念工商管理博士吧。"后来我发现这真是一个明智的决定！虽然不能抄他的作业，但是能有个人互相商量和吐槽也是非常有帮助的。

新导师

我能走下来这条路，离不开我的导师坦斯利教授，她不仅仅是我的导师，更像是一个啦啦队长，一个教练。没有她，我绝没可能熬下来。每当我卡住了，她总是耐心地陪着我，不仅给我提供学术意见，还给我灌各种"心灵鸡汤"。

我在公司做了多年领导，但从坦斯利教授身上我才真正领悟到，真正的领导力是成就他人，并让他们达到自己从未想象过的高度，实现自己从未想象过的目标。事实上，一个真正的领导可以帮助他人发现自己，并让他们成为自己故事里的英雄。

终极考验

最后的论文答辩是最煎熬、最痛苦的，我花了一整年的时间才写完论文并且顺利地通过答辩。我深刻地理解了，创建一个理论框架其实是一个创造和创新的过程，这其实和创业有着异曲同工之处，且这个过程中的痛苦也堪比创业。

转变

在这 7 年痛苦的蜕变过程中，我变得更加有觉知，我能感觉到，我在逐渐剥离原先企业高管的身份，走向一个更加真实的自我。

返回

我也逐渐意识到，我再也不可能回到原来的世界，以同样的方式，做同一个工作，好像什么也没有发生。所以在跨国公司工作 22 年之后，我终于鼓起勇气辞掉了工作，成了一个专注于领导力和沟通领域的高管教练。

一次旅程的结束并不意味着整个比赛的终点。它通常意味着另一段新的旅程正在新的冒险召唤下拉开帷幕。当我开始创业这一新的冒险时，我知道我将会在创业和管理企业这新旧两个世界中汲取力量，在实践者和理论家这两个身份中自由切换。

好，故事讲完了，现在咱们来看看这个英雄之旅故事模型的应用。

首先，并不是说你要做出什么丰功伟绩或者翻天覆地的改变才能被称为“英雄”。任何一个平凡的人，做出不平凡的改变，都可以被称为“英雄”。既然叫英雄之旅，它就一定是一个旅程，有起点有终点，起点和终点之间的过程就是为了凸显故事中主人公的转变，改变的痛苦到了一定的程度，改变就成了蜕变。这个改变和蜕变，在故事中我们叫它“故事弧光”——弧光越大，故事就越精彩。

之前讲过：我是谁 = 我的过去 + 我的改变。我们在简历上能够看到你从一个职位到另一个职位的改变，却看不出来你是怎么改变的，为什么改变？这个过程是容易还是痛苦？在这个过程中你遇到了什么挑战？当你描述英雄之旅的过程时，就让你的改变从静态的简历变成动态的变化，从而让别人更了解你是一个什么样的人。

其次，当我们说到“英雄”的时候，并不是在鼓吹个人英雄主义，没有人可以单靠自己成功。英雄之旅中特别突出了导师、盟友这两个概念，在我的例子中，就是我的教授和我老公。所以，英雄之旅的故事模型还可以用来表达感谢（“拍马屁”）。我们讲故事训练营里曾经有个学员来找我，说她要做一个述职演讲，希望我给她提供一些帮助。于是我就给她推荐了英雄之旅的故事模型。

当她讲到在自己曾经做过的一个大项目中，老领导和老同事给她提供了具体的帮助时，她对他们的感恩自然而然地就被带出来了，非常真实，一点儿也不造作。这也会让在台下听的新领导感到踏实，谁不想跟一个谦卑又感恩的下属一起工作啊！一个故事，既突出了她的成长和转变，又照顾到了方方面面的需要，当然能够大获成功。

最后，“英雄之旅”故事最重要的意义在于反思通过这个旅程总结出的道理。乔布斯在斯坦福大学的演讲里强调了他这一生的几个关键转折事件，这些事件一个个地连接到了他今天拥有的成就。乔布斯是由他之前做过的事，经历过的好奇、探索，拥有的成功与失败等经历共同塑造出来的。当时当事，看不出这些点的意义何在，因为你当时看不见整个故事。只有你对自己的英雄之旅有了一定的理解，再往回看，你才能解析这些点在故事线中是怎么连在一起的。

所以，故事思维不只是沟通能力的基础，其实也是自我探索的基础，帮你认识到之前让你伤心懊恼、痛苦不堪、羞耻受辱的种种事件的另一面，也许你还愤愤不平放不下；一旦你看到自己的英雄之旅，你就会意识到，那些事件都是必须要发生的。因为，没有它们，就没有今天的你。由此，你对往事和接触过的每一个人都会有感恩之心。

这些相互关联的转折，不只帮你连接到以前的事件，还能帮你理解现在的情景。在你感觉最黑暗、最迷茫的时候，只要你能把它放在你的故事线中，站在未来的角度回看这些事件，或许就能看出它的意义。正如尼采所说："一个人知道自己为什么而活，就可以忍受任何一种生活。"

小结

每个人的一生都是一部电影，我们就是自己人生的编剧，既然如此，为什么不做自己故事里的英雄呢？人生中的每一次转折，都是一次蜕变和成长。一个好的故事，能够解释我们为什么改变，更能够通过蜕变的过程彰显出你独特的能力和魅力。

珍惜每一次改变，让你生命中的每一个转折都能够成就你的“英雄之旅”。

小练习

请找一个小伙伴，按照附录里“英雄之旅”的模型，给对方讲一个你的蜕变故事。

第 12 章

如何在工作汇报中讲故事，让老板追着你升职加薪

记住，你不过就是别人戏里多出来的那个角色。

——富兰克林 · 罗斯福

“为什么不是我？”就在我要挂上电话的那一刹那，老周突然问我。我愣在那儿，一时不知道该说什么。我以为他忘了，心里早就把警戒线放下来了，完全没想到半年过去了，他还是无法释怀当初被提拔的不是他。

老周曾是我非常得力的一个下属，当时负责我在新加坡的团队，平时在讨论接班人的时候，他的名字曾经多次出现。想必他自己也觉得接班人非他莫属，毕竟无论是资历、能力还是态度，都没人可以跟他比。然而，等真的选择谁来接替我当时亚太区 CIO（首席信息官）的位置的时候，他没有被选中。

记得当我提出来可以考虑老周接替这个职位的时候，大老板皱了一下眉说：“嗯，他是挺不错的，不过想到他要代表咱们 IT（信息技术）团队在业务伙伴面前做汇报，我心里就哆嗦。”确实，老周干活是很不错，但每次做工作汇报时总能把他做的 120 分工作说出 80 分的效果。有一年，美国大老板来新加坡开会，老周代表 IT 团队做了汇报，他准备了各种图表数据，下面的业务伙伴却听得心不在焉，他还没讲完就被打断了。当时我就知道他搞砸了，却没想到大老板还记得，更没想到在这个节骨眼儿上，这个问题断送了他被提拔的机会。

结果你可能也猜到了，最终我们选了我团队里的一位印度同事。我特意为老周从新加坡飞到北京，因为坏消息当面讲虽然难，但总是显得有诚意一点。在那个冬日的早上，我们在北京东三环的一家酒店一起吃早饭，我告诉他："对不起，不是你。"出乎意料的是，虽然有一丝丝失望，但总的来说他的反应很平静。我心里的一块儿大石头放下了，以为这件事就这么结束了，谁知道，6个月以后，他却问出了一直憋在他心里的那个问题："为什么不是我？"

我欠他一个反馈。

我在20多年的职业生涯中有过数不清的参与汇报的经历，有时我是汇报者，有时我是倾听者。有些汇报针对高层，有些是跨部门的，有些比较正式，有些就是简单几句，连PPT都没有。但无论形式如何，汇报对象是谁，我从没有见过一个人因为一场好的汇报而平步青云，但见过很多人像老周一样因为一场糟糕的汇报而错失良机。

你可能会说这太不公平了！然而研究表明，老板平均60%以上的时间花在业务上，20%的时间花在跟他的老板、客户的相处上。最后剩下的20%的时间才能花在管理团队上，按照平均每个管理者管理6个下属来看，管理者能花在你身上的时间只占3%。他们这可怜的3%的时间多半都花在听你的工作汇报上。这还是你的直属上司，如果是越级的老板，情况很有可能就跟老周的一样，他唯一一次和大老板的直接接触就是那次业务汇报。所以这样看起来，是不是应该更好地利用工作汇报的机会呢？

职场上给老板汇报工作，无外乎就这么几类：日常工作，项目进展，方案陈述，业绩回顾。

看似简单，讲好却不容易。平淡的日常工作汇报怎么讲才能出彩？项目进展不顺利，怎么讲才不会被骂？方案陈述，怎么讲才能让老板埋单？最后，业绩回顾，怎么讲才能不会一年白干？

职场老手也难避免的工作汇报 3 大误区

首先我想问问你，关于给老板做汇报，以下 3 个观点你赞同哪个？

- 只讲结论，不讲过程
- 只讲事实，不讲情感
- 只讲道理，不讲故事

正确答案是什么呢？就三个字："看情况"。不过，这三个观点其实代表了 3 个误区。

第一，只讲结论，不讲过程。

“老板都只关心结果。”这句话可能误导了80%的职场人，作为下属，我们确实需要第一时间告诉老板结论，尤其是在时间紧急的情况下。但是大部分的汇报并没有那么紧急。这就需要让他理解在这个过程中，你克服了哪些挑战，解决了哪些问题，因为只有表现出过程的艰辛，才能展示你的能力。不要想当然地以为“我的辛苦老板都知道”。其实，他们根本不知道。

我之前在做IT部门经理的时候，当时团队是为公司实施企业资源计划的。有一次，系统出现了一个问题，导致所有数据需要我们人工手动恢复。工作量大到连作为副总裁的老板都被拉进来帮忙一起干。他干脆地答应，然而他坐下来的第一个问题就是：“Lin，我的登录密码是什么？”敢情在这之前，这位老先生连系统都从未登录过。可见，我们实际工作中遇到的种种困难，历经的千辛万苦，很多时候，老板其实并没有实际的概念。

第二，只讲事实，不讲情感。

“用事实来说话。”这是误导很多职场人的第二个坑。前面我们曾经讲过，一个故事至少应该有一条明线，一条暗线，一个理性目标，一个感性目标。汇报何尝不是呢？你汇报的目的是什么？单纯是为了让老板知道你都取得了什么成果吗？不是的！工作汇报在某种程度上也是为了获得上级的认可和信任，从而让你有机会在未来承担更重要的任务，升职加薪，不是吗？

事实只能满足向上汇报的那条明线，达到理性目标——让上级知道项目的进展。只有通过讲故事，把你内心经历的挣扎、痛苦、喜悦、成长都讲出来，才能从心底和领导产生联结，实现汇报的感性目标——获取认同和信任，促使他做出行动和决策。

第三，只讲道理，不讲故事。

当下属的估计都做过这么一件事，帮你的老板做他汇报需要用的 PPT。我以前的美国老板每次召集我们开会做 PPT 的时候，进入会议室坐下来的第一句话都是："What's the story？"（今天我们要讲个什么故事呢？）他不想听我们给他讲道理，因为大道理谁都明白，这个世界不缺道理，缺的就是那个能将道理讲成故事，并让人信任的灵魂。

总之，在我看来，工作汇报不仅仅是帮助领导做决策的，还是你展现自己实力的时刻。完全不想自己是否能得到认可，这个人不是假谦虚就是活雷锋。老板需要看到金蛋，也需要认可下蛋的金鸡！问题是：你要老板认可什么呢？

- 低情商的员工，只想老板认可结果
- 中等情商的员工，还想老板认可能力
- 高情商的员工则懂得，需要老板认可潜力

看报表就能得到结果，看结果就能想到能力，而潜力，需要信任和想象力才能被发现。这就需要讲故事，要让老板在故事中看到你的思维模式、价值取向，以及面对困境时的内在动力。

所以我常说，能力和潜力之间，差的就是一个故事！

咨询公司常用的故事模型

那么，怎么讲汇报时的故事才能让老板既看到你的能力，又看到你的潜力呢？你需要根据你的汇报对象和想在汇报中实现的目的，选用合适的故事模型。在这里我们给大家介绍一个最简单的架构，也是咨询公司常用的架构——SCR 模型。S（situation）代表背景信息，C（complication）代表冲突挑战，R（resolution）代表解决方案。

S（背景信息），即简单地说这件事的背景信息，讲述问题出现之前的情况。大多数情况下，这会是一个你想要强调的正面且有价值的信息，比如团队想要实现的目标，准备上线的项目。在正常情况下，实现这样的目标应该是没问题的。

C（冲突挑战），即有些意外情况导致目标的实现出现了困难。这个困难可能是人为的，比如由于沟通不足，你的下属惹怒了供应商，或者突然杀出一个竞争对手；也可能是非人为的，比如天气不好导致物流瘫痪或是经济动荡等。

R（解决方案），即这个困难是怎么解决的，或者可以使用哪些解决方案。如果对方不知道这些困难是什么造成的，那么你可以给出一些解释，这就是我们说的故事背景。然后针对这些原因分析，你做的工作是怎么解决他的问题的，解决后得到了什么，这就是工作汇报类的故事。如果是工作提案或销售方案类的故事，那就是你打算怎么解决，才能实现一个完美结局。

套用这个模型，我们来看看我的下属是怎么跟我汇报“有意思教练”平台的项目进展的。背景是我们请供应商做了一个在线预约教练的平台，可以让学员在平台上选择和预约教练服务，负责这个项目的员工是这样给我汇报项目进展的：

> S（背景信息）：“高总，您上次周会不是说下个月要和几大教练培训机构谈合作吗？所以我们想着最好在这之前，先赶着给教练平台做一个最小规模的测试原型，一是先验证一下我们之前搜集的需求，二是您跟其他机构开会的时候也可以展示给他们看看，证明咱是认真在做，不玩儿虚的。”
>
> C（冲突挑战）：“但是我跟供应商沟通完之后才发现，这整个系统的开发难度，其实远远超出我们最初的预计，如果全部功能同时开发，肯定没办法按时上线。”
>
> “那怎么办呢？”此刻他切中我的痛点，所以我就会问了。
>
> R（解决方案）：“嗯，对整个业务逻辑做了全面梳理后，我们发现其实只要先做出教练服务必需的环节，包括教练展

示、下单、预约时间，只要把这几项在下月初前做完，就可以先以简化版上线。所以，我们让供应商先进行这些模块的开发。接下来，我们再继续开发其他的模块。这样我们既能赶得上下个月您的会谈，又能用最小的代价进行产品测试。”

你看，这样的汇报是不是既显得不啰唆，还很有价值？因为所有信息都是围绕着我关心的痛点讲述的。而且，在冲突和解决冲突的过程中，员工的能力得到彰显，可谓是一箭双雕。

然而，不是所有的汇报套用 SCR 模型都能够达到目的。我们的学员，一家大型 IT 公司的 HR 小张就跟我们分享过她曾经做过的一个工作汇报的故事。

小张的领导一边大踏步走进办公室，一边招呼她：“怎么样？”领导一贯开门见山，直奔主题。小张前一天刚刚结束外地的校园招聘，领导自然问的就是这个了。

“哎呀，你不知道，这扩招后的毕业生一下子多了很多，那场面……”小张还未完全平复的心被这个问题再次激起千层浪，一路上各种艰辛和离奇曲折涌上来，这故事多得简直一整天都讲不完。

“先别跟我说这个！”领导手一挥，“签了多少？”奔涌到嗓子眼儿的“滔滔黄河之水”硬生生被截了回去。小张眨眨眼，咽了下口水，让自己冷静了一下。

“领导，现场签约 80 人，比我们往年的结果都好；还有 50 人一周内签订合同寄回，估计 85% 可以签约。”

领导对这个结果还算满意，随后也表示了对他们付出的辛劳的认可。可是，小张心中的黄河水还在奔涌，领导这也太不关心下属了吧！听到想要的结果就结束了？经历的那些离奇曲折呢？由于对高校扩招的预判不足，4 位同事没日没夜奋战，连饭都顾不上吃。还有回程时飞机两次故障迫降太原，实在不容易。

小张想如果工作汇报只讲结果，老板怎么能知道我们背后的不容易呢？如果那样，他只知道我们孵出来的是金蛋，却不知道这只鸡的神奇！不是说故作高深的人讲道理，真正高深的人讲故事吗？小张想做个真正高深的人，给领导讲讲这些故事，可领导怎么就不给她这个机会呢？

小张在汇报中也想通过讲自己和团队历经千辛万险，完成招聘任务的故事，让老板认可自己和团队，可为什么她的故事就讲不通呢？难道有的老板就真的不爱听故事吗？

事实是，只有没讲好的故事，没有不爱听故事的人！

小张在后来的一次培训中发现，她的老板是典型的“老虎”型人格：直截了当，以结果为导向。因此在对话的开头，小张应该结论先行，先让领导听到想要的结果，然后再讲背景和遇到的困难的细节，就像电影中倒叙的手法。先让老板悬着的心落下来了，他自然就有心情听故事了。

所以真正高情商的员工，懂得按照场景、领导的不同思维和决策模式调整自己的汇报方式，帮助领导更好地做决策；清楚什么时机该讲故事，要讲什么样的故事；更明白怎么讲才能勾起领导的兴趣。

为什么你的汇报满足了老板却没获得认可

灵活运用 SCR 模型可以让你的工作汇报更加清晰、有的放矢，但很多时候你可能还是会陷入“就事论事”的误区。汇报本身倒是清晰了，可只实现了你和老板的理性目标。

讲故事和叙述的区别就在于故事有感性的成分在里面，而叙述更多的是理性地陈述事实。所以当你用故事思维来做工作汇报的时候，不仅要为自己设定一个理性目标，还要设定一个感性目标。

理性目标包括给领导讲项目的进展情况，出现的问题，技术上的更新，销售的金额，产品的成本等这些可以用事实和数据呈现的，讲的目的就是让领导了解情况，掌握局面，以便其在千头万绪的工作中做出决策。事实上，所有的工作汇报最终目的都是做决策，即使老板听完以后什么都不用做，也是一种决策。实现理性目标包括最简单地把事情说清楚，并且提供可行的方案帮助他解决痛点，如果需要老板做什么，要在结束前明确地让他知道。

什么是感性目标呢？可能是让领导意识到事情的严重性和紧迫性从而能尽快做出决定，或者是让他意识到你的能耐有多大，你的态度有多积极等这些难以量化，甚至难以说出口但又非常重要的目标。

一个完美的工作汇报能够照顾到理性目标和感性目标两个层面，如果只有理性目标，话倒是说清楚了，但是你的价值没有凸显，而如果只有感性目标，老板的问题没有得到答案，你还一直说你多不容易，老板一定觉得你就知道摆花架子，同事也会觉得你就知道显摆（见表 2）。

表 2　理性目标与感性目标

理性目标	感性目标
事实 / 数据	讲故事
帮助听众实现他的目标	帮助你实现你的目标

理性目标可以摆事实讲道理，感性目标通常是一种感受，因此需要用故事来实现感性目标。那么如何才能在一个汇报中完美地呈现两个目标呢？

你需要在汇报前明确自己的两个目标，也就是准备好前面几章讲到过的——故事的红绳，你的故事主线。接下来，你需要做的，就是根据工作内容，给这条红绳串上珍珠。

正如案例中的小张，她的理性目标就是让老板知道，我们团队圆满地完成了招聘任务。她的感性目标是希望老板理解并且认可团队为了达成这个目标而付出的辛苦努力。所以，如果结合她老板为人处世的风格，她的故事就可以这么讲：

> 我们这次现场签约 80 人，比往年的结果都好；还有 50 人一周内签订合同寄回，估计 85% 可以签约。不过，这次招聘还真的不容易，扩招之后毕业生比预计的多了近一倍，我们团队 4 个人，连吃饭喝水的时间都没有……最后回来的时候，我们的飞机还两次发生故障，迫降太原。我都差点儿以为不能回来了。这次团队的所有人都辛苦了，您可得请大家吃饭犒劳犒劳。

这么一说，既让老板知晓自己想要的结果，也让他了解到团队付出的艰辛，继而点明了自己期望得到的认可方式。如果我是老板，一定立刻就会请团队吃大餐。

如何让干巴巴的数据图表活起来

有一次我去一家企业的年会做主题演讲，我提前一小时到了现场，正好看到企业的各位老大在台上就 2018 年取得的成绩做演讲。令我惊讶的是，不光是销售副总裁只讲各种数字，连 HR 的领导也只讲数字，我都怀疑自己走错了地方，就好像去了一家大数据公司。只不过台上人讲得眉飞色舞，台下的人有的玩儿手机，有的昏昏欲睡。

在当今数据驱动的商业社会，我们开会时会做个 PPT，如果没有数据简直都不好意思开口了。然而，拿数据说话，和罗列一堆数据图表是两码事，因为数据并不等于有效信息。我们在辅导高管演讲中，发现大家在呈现数据的时候普遍存在两大问题。

第一大问题就是只有“数据”没有“说话”。

“拿数据说话”的落脚点在“说话”不在“数据”。然而，很多人在讲数据的时候，不会明确地说出数据背后的故事，而是让听众去猜。Hubert 的一个客户，是一家外企中分管华东地区的销售总监，他的 PPT 的第一页就是一张中国地图，他在各个大区的位置上标出了自己公司和竞争对手的市场份额。他是这么说的：“各位领导，这就是在中国这几个大区，我们公司和竞争对手的市场比例。”

Hubert 问他：“然后呢？”他说：“还要什么然后呢？这不是明摆着的吗？”Hubert 问：“所以你希望管理层得到什么结论呢？”他说：“我就想让他们感受一下大的画面是什么样的！”

要知道，每个来听你汇报的人都是带着目的来的，有时候还边听边盘算着自己的小算盘。所以如果你想要影响听众，就要先明确你的目的，再明确听众的目的。当你呈现一份数据的时候，是为了比较、否认还是证明？如果听众看不出结论，要么会打断你提问，要么会妄下结论（很有可能是错误的结论），要么索性走神儿不听了。

第二大问题是缺乏清晰的故事线。

对我这种做了11年IT的人来讲，我深知数据可以给我们带来丰富的信息。有时候数据可能有点儿太丰富了，以至看到这些数据后，你可能这个也想讲，那个也不想落下，结果就是PPT上全是密密麻麻的数字，整个汇报缺乏一条清晰的故事线。

如果你总结不出这个故事主线，不管你的数据再多，PPT做得再炫都没有用。因为这对听众都没有意义。所以准备一个商业汇报，都得从故事线开始思考，以故事线为主，搜集需要的数据，分析得出合适的图表。

好莱坞著名编剧，《故事》一书的作者罗伯特·麦基提炼故事主线的秘方就是："一句话描述人是为什么和如何从一个情况变化到另一个情况的。"这个方法也适用于为自己的工作汇报做一个总结。在这一句话里，你要告诉听众，他们"为什么"以及"如何"从当前到未来。如果你汇报的内容不能帮助任何人或团队，使其发生任何变化，那么这个汇报就是浪费时间。比如：

各位，今天我想花10分钟时间分享一下最近咱们部门面

临的一个 ________ 挑战，这对我们造成了 ________ 影响。针对这个问题，我们这个新项目可以 ________，从而解决这个挑战，并为公司带来 ________ 更好的发展。

当你有了这样一个故事线，接下来就可以把数据放到这个故事线里支持你的论点了。当然，在具体操作的时候，有时候你是先有了想要讲的故事再去找数据支持，有时候，你先有了数据才想到要怎么讲故事，无论哪种情况都可以，因为数据和故事在商业沟通中本来就是相辅相成的。

先有故事再找数据

先说先有故事再找数据的例子。回到华东销售总监的故事，假设你觉得集团总部调拨给你的销售经费不够用，你想讲一个故事，能够让公司给你更多的预算，原因是你将会为公司带来更高的销量，创造更多的价值。那么，你需要怎样的数据和图表去支撑你的想法，成功地说服管理层呢？

首先，你想要更多的资源，就需要证明你能创造更多的价值。所以你需要证明这个观点的数据。其次，你需要证明你现在得到的资源跟你能创造的价值是不匹配的。这时候你要拿到全国各个大区的销量数据，以及各个大区的销售费用预算，你发现华东地区的销售额占比在四个大区里最高，然而销售预算占比仅仅排在第三位。你可以用图表去彰显这种资源分配上的不平衡，从而为自己的地区争取到更多的资源。当然在做具体汇报的时候，你也需要考虑到其他几个大区的销售经理，弄清楚他们的故事又是什么，怎么讲才不会得罪他们。

先有数据再找故事

如果你是先有数据再想故事呢？还是前面那家企业的例子，当HR部门拿到员工满意度的数据，看到和往年的数据相比有了很大的提升时，他们需要做的就是挖掘数据背后的故事，找出是什么成就了这样的结果，从而找到成功的要素。通过对公司不同层级的员工进行访谈，进行案例和背后原因的分析，让员工说出他们的故事，并引用他们的原话作为最终的结语。

数字是静态描述，光看这些数字并不能给下面的听众创造新的洞察。你需要做的是把员工的接受模式从静态描述转换成动态故事，把数据转化成戏剧。这样做就远比只拿数据说话更令人震撼，也更容易打动管理层，让他们在来年花更大的精力和财力持续提高员工的满意度。

现在有了数据图表和故事，我们应该如何讲呢？其实现在的情况和之前没有任何区别，只不过现在你有了数据和图表这些强有力的工具。

人们理解事物时都是希望能从大到小，由浅入深，逐步深入细节的。所以在开头，你需要给你的听众一些基本的背景介绍，让大家对整体状况有一个总体的认识，统一大家的认知水平，比如：

我们的现状不错或者不太好，我们是否可以达成设定的目标。如果你有一些非常能说明情况的数据，可以把它们拿出来吸引观众，让他们有兴趣继续听下去。

接下来，你还可以通过数据和图表制造一些冲突，比如上年和当年在业绩上的对比，说明曲线转折的地方突然发生了什么，面临什么样的挑战、困难，这对大家产生了什么样的影响。这很可能是与观众想当然的认知不太一样的事实。如果只是干巴巴地解释数据和原因，其实并不能让观众信服，他们脑海里会一直萦绕着这样的疑问："真的是这样吗？是这样的原因吗？"

用故事让观众沉浸在起承转合中，他们就更加容易理解你当下的处境，以及后来你做出某些决策的原因。通过故事，你能够营造一种画面感和可信度，让观众更能理解数据和图表背后的意义，让他们得出属于他们的结论。这个结论就是你要表达的核心，也许是感激你们团队坚持不懈为兑现承诺所付出的努力，也许是认可你们团队的能力和智慧，也许是团队接受你提出的建议，按照你的需求采取行动。

数据和图表如果只是干巴巴地摆在那里，很可能就只是一堆事实，而如果配上故事，就能给我们的汇报锦上添花，有理有据还有情。

小结

工作汇报是你向老板展现实力的最好机会。你不仅要让老板认可你的结果，欣赏你的能力，更要让他意识到你的潜力。在我20多年的职业生涯中，有近10年是和自己的老板不在一个国家的，而在这期间我被提升了5次，从负责中国区到负责一个全球团队。不谦虚地说，这其中一个重要的因素就是我在汇报中讲故事的能力，我清楚在什么场景下应该讲故事，如何讲故事才能为沟通效率和效果做乘法。这一切的前提就是围绕老板的需求和痛点展开，否则都是空谈。你需要了解老板向往什么，害怕什么，让你的故事和老板的故事产生交集，在这个不确定的世界，为老板和公司带来一些确定性和价值。

小练习

请为你的下一个工作汇报设定理性目标和感性目标（例如表3）。

表3 你的理性目标与感性目标

理性目标	感性目标
事实/数据	讲故事
听众的目标：比如获取项目进展信息，以便判断下一步计划	你的目标：让老板认可的项目管理能力

第 13 章

如何讲故事才能获得同事的支持，老板的资源

没有真相，只有诠释。

——尼采

老李是我的一个高管教练客户，他在一家大型药企负责招聘，最近公司开始在全球推行新的招聘模式——号称人才 2.0 项目。跟以往的公司内部变革项目一样，总部下发了标准版的沟通 PPT，各种数据图表一应俱全，且一如既往地，对外部环境和内部需求的分析高屋建瓴，变革带来的深远影响看起来也很完美。

老李按照总部的指令拿着这套 PPT 去跟业务部门的两位副总裁沟通，希望他们能够支持新的招聘模式。然而，两位副总听到第三张 PPT 就不耐烦了。销售副总裁张总问："老李，我真不懂。上周我们在总部跟各个大区回顾去年的销售业绩，中国是唯一超出计划 KPI（关键绩效指标）的。连总部的领导都说负责其他国家的得跟我们学习。你这 PPT 却说要改进我们的人才引流战略？我们的人才好像做得不错吧。"说完张总回头转向李总问道："听说你们研发部门每次校招都很受欢迎，没问题还改什么呢？"

老李非常苦恼地来找我："我也知道他们为什么不待见这个新的流程。因为这个新的招聘模式虽然听起来很厉害，然而对在一线的业务部门来讲，他们更关心实际操作性。唉，总部给的材料虽然高大全，但不好使啊！"

听完老李的吐槽，我问了他一个问题："所以，你应该讲个什么故事呢？”

老李愣了：“故事？总部给的 PPT 里没有故事啊！”

我们生活在一个数据爆炸的时代，随着科技的发展，数据驱动决策越来越被大家接受。越来越多的数据和图表充斥在商业沟通中。然而，当你带着自己的想法，想要呈现给跨部门的同事，希望获得他们的支持，或者想跟老板提出一个方案并希望他能够给你一些资源的时候，你的角色更像是一个销售。你的汇报就是一个“卖”的过程。听众只有为你的想法和方案埋单，才能为你提供你想要的人、财、物等资源。

然而，人类天生讨厌被别人说服。当你试着用事实数据说服听众时，他们的大脑会千方百计地和你争论。就像《故事》一书的作者罗伯特·麦基所说：“如果你成功地说服他们，你只是在智力上做到了这一点。这还不够好，因为人们不仅仅受理性驱动。”理性是把人往回拉的力量。但是驱动一个人做出决定和改变的，其实是他的内在感受，他的情绪，他的底层操作系统。

故事的魔力就在于，故事有着事实和数据无法企及的吸引力和打动我们情感的力量。当我们讲故事的时候，演讲者和听众关注的一定是人和人的情感，关注的是演讲者和听众之间的共鸣和联结。所以，在很多情况下，我们其实已经在感性上做出了初步的决定，后续再用数据来辅助和佐证，并做出最终的决定。

因为人的很多选择决策是靠走心而不是靠走脑的。正所谓没有心动，就没有行动！

跟领导 / 同事要资源的 3 大误区

我们向老板做的汇报，通常是日常汇报和工作总结，剩下的多半就是要各种资源。然而，资源是有限的，尤其是大公司，预算、人手、项目时间分配……僧多粥少，该分给谁，怎么分？很多时候要不到资源的人总是埋怨老板“偏心”，为什么每次好处都给那几个人。其实，真的不是老板“偏心”，是你的汇报压根儿就没触动老板的心。

我们来看一个案例。

技术男顾强和忙碌的老板吴总预约了一个 10 分钟的会，他带着精心准备的 PPT 来到老板办公室，希望老板批准，送他和团队里的两个同事去参加人工智能的一个技术培训。

顾强：吴总，早上好。多谢您抽出时间跟我开这个会。我很快地跟您说一下，有个很重要的事，希望您批准我和我们团队中的两个同事去参加一个为期 4 天的人工智能技术培训。我准备了几页 PPT。

您看，这是这个培训公司的背景，课程安排，我跟主办方谈的优惠价，以及人工智能在咱们项目里的应用。

我先讲培训课程的背景。具体是什么呢？

六毛科技大师，您听过吗？这是大家都认可的，在这个领域他可是顶尖的。这次的培训主题是用人工智能搭配最新架构的技术实施。这个架构现在可是最火的。我们团队一直缺乏这方面的能力。我也一直在找这方面的课程，总算是找到了。

我知道您可能存在顾虑，现在事儿这么多，但我和团队计划好了，所以不会影响整个项目的进展。我会把工作这么分配……

我明白公司预算有限。我砍价之后，他们答应给咱们打八五折。培训完之后，团队可以加强报表实施。现在市场最新的功能就是用上人工智能。人工智能功能强大，可以预测趋势，看出模式，能快速生成客户化报表。

吴总：我再考虑考虑吧。

很明显顾强把故事讲成了事故，因为众所周知，当领导说他要考虑考虑的时候，就证明同意这件事不太可能了。

这样的汇报逻辑是不是很眼熟？你是不是也这样做过？那么问题出在哪儿呢？

首先，我们来看看跟老板要资源的时候，常见的 3 大误区。

误区一：只说“什么”，不说“为什么”

顾强误以为事情本身的亮点（最前沿的人工智能技术，最顶尖的培训公司，最优惠的价格）是最吸引老板注意力的。所以一上来就介绍这个培训是“什么”以及各种关于培训的背景信息。然而，老板还没有认同“为什么”你需要这个培训呢，这个培训有多好，价格多便宜，跟他有什么关系呢？为什么要花钱、花时间让你们去呢？

误区二：“我我我”

作为一个技术男，当顾强讲起技术细节的时候肯定是眉飞色舞的。他理所应当地认为他关心的人工智能架构也是老板关心的，然而这是典型的“以自己为中心”的沟通。著名的沟通大师卡耐基曾说过：“如何让对方心悦诚服？答案只有两点：（1）听对方说他想说的事情；（2）站在对方的立场说他想听的。”

顾强从头到尾都没有给老板表达的机会，所以并不知道老板在这件事上的立场，更没有提到老板所关心的目标、动力和痛点，老板怎么会被打动呢？

误区三：“那又怎样？”

从顾强一张嘴到最后，有一个问题一直在老板脑子里转。这个问题就是：“那又怎么样？”在最后一分钟，顾强差一点就回答了这个问题，他说到了人工智能在报表上的应用功能，却还是没有说到这个功能带来的结果，比如：能在客户还没想到之前就提前获知他们需要什么。

我们在沟通中总是会假设我们说的东西听的人都懂。以为当我说到“能快速客户化报表”时，老板就立刻能知道其中的好处。

然而世间最大的误会，就是“我以为”。你以为很重要的事，在对方那里，就是一个“那又怎样”。只有把“那又怎样”说透了，确定对方理解了，这个沟通才有实际的意义。

雪中送炭的故事：将你的提案说到对方的心里

每个人都生活在自己的故事里，当你试图“卖”一个观点给对方的时候，就意味着你的故事和对方的故事需要有一个交集。否则你再怎么讲你的故事也是自说自话。在这个交集里，你需要讲一个以对方为中心的故事，这个故事模型，我们叫它“雪中送炭”，这个模型几乎适用于任何销售场景，包括给老板“卖”自己的观点。

所谓雪中送炭，就是听众本来一切顺利，有一天突然发生了什么，导致他面对困难，然后你来帮助他的故事。这个故事和其他故事最大的不同就是，讲故事的你不是故事的主人公，听的人才是。在下雪天，你是那个送炭的人。

所以，雪中送炭的故事模型具体来讲是这样的（见图 6）：

- 背景：主人公本来有的一个目标
- 冲突：达成这个目标遇到了或者会遇到什么样的阻碍
- 解决冲突：雪中送炭，提出克服阻碍的解决方案

◆ 完美结局：这个方案能够带来什么样的结果

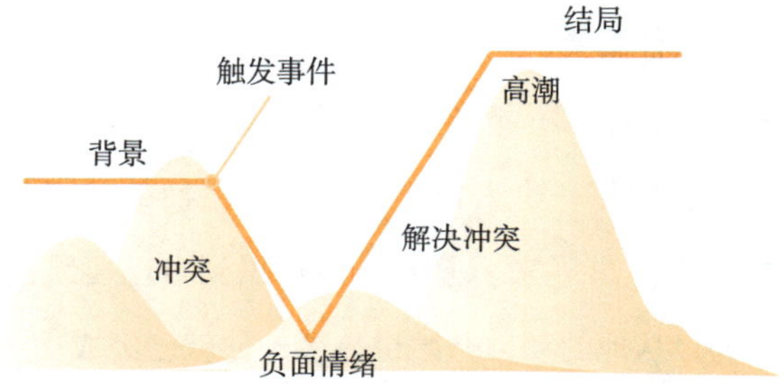

图 6　雪中送炭故事模型

在之前几章的故事里，我们都在讲你是如何克服万难成为英雄的。可是在这个故事里，你的老板，你的利益相关者，才是那个英雄，你只是帮他们克服冲突、实现目标的那个人。

所以顾强要怎么用故事做好这个汇报，赢得老板的支持呢？

背景：交代主人公当初的情况以及他的动力

沟通，尤其是讲故事，就像是马拉着车走。车要去哪里，取决于那匹马。如果你讲的故事——那匹马是“自己要什么”，你之后讲的内容肯定都是关于自己的。而如果那匹马是“听众要什么”，之后的内容就很自然地是围绕着听众的。

顾强一开始的目的就是要说服老板让他们去培训。所以他把自己当作那匹马，一上来就讲培训的背景，费用多少，让老板知道他们不会耽误工作，这些细节当然很重要。但如果这匹马是老板的目标呢？老板更想知道的是，让他们去培训，对自身，对团队，对公司有什么好处。所以顾强一开始需要交代的就是：为什么这个培训对团队很重要？

我知道这个逻辑听起来很简单，但实际上它不是很自然的思维逻辑。因为我们每一个人都是围绕着自己活的，因此都很容易陷在自己的故事里出不来。但如果你意识到自己要跳出来，要站在对方的立场，从他的动力开始讲故事，你就已经成功一半儿了！

冲突：挖大坑 vs 画大饼

说到动力，人类本能的动力有两种：趋利，避害——追求一个好的东西，或是逃避某种不好的东西。如果讲故事的人没有清晰地让听众知道，假如他不克服挑战，将有哪些后果等着他们，或者虽然前路艰辛，但克服了困难就会有很美好的将来等着他们，那么听众就不会有动力去做出改变。

社会心理学家海蒂·格兰特·霍尔沃森在她的著作《聚焦》中曾经提到，有的人是“成长获取”型动力人——害怕没得到。有些人则是“安全负责”型动力人——害怕失去。举个例子：比如都是在赌场赢了些小钱，前一类人听见老虎机传来的哗哗掉钢镚儿的声音就心里痒痒，总惦记着接着玩，生怕自己错过了更多机会；而后一类人，总担心把自己刚赢的钱又输回去，想见好就收。

对偏向“成长获取”的人来讲，“画大饼”的故事更有效。反之，如果你的故事是“挖大坑”的故事，则更能打动偏向“安全负责”的听众，因为你可以让他们避免失败。霍尔沃森的实验结果显示，在销售过程中，如果击中了听众的动机，他们不只会更倾向于购买，而且也更倾向于付更高的价钱购买。

可怎么知道听众是倾向于哪个动力呢？从最宏观的角度——文化的角度看，这可能包括国家文化和公司文化。从工作性质来看，例如销售、市场、创业者，都会偏“成长获取”；而财务、IT 人员、研发、制造等会偏“安全负责”。从微观的角度看，我们当然是要具体到每个人。甚至同一个人在不同的事情上，偏好也会有所不同。比如在工作上我更偏好“成长获取”，而在育儿上，我可能就更倾向于“安全负责”。

所以，你选择画饼还是挖坑，还得因人因事决定。那么怎样才能在故事中一剑刺中听众的痛点呢？

最常用的工具就是提问：“如果 ×××，会怎么样？”这句话可以让听众产生想象，和你要描述的冲突产生联结。

- 如果我们团队拥有了最先进的人工智能技术，能够快速客户化用户的报表，您想一想会怎样？（画大饼）
- 如果我们没有及时接受这样的培训，让竞争对手捷足先登了，他们开发出能够快速客户化用户报表的产品，您想想我们会怎么样？（挖大坑）

当你说完，让听众自己把答案说出来或者愣在那里说不出话，他们才会感觉到痛。当然，如果你点儿踩得不对，遭遇领导反对，也不要急着反驳。你可以尝试先认可对方的感受，再挖另外一个坑，或者从别的角度陈述雪中送炭的故事。

克服冲突：让主角发光

在克服冲突提供解决方案的环节，我们习惯性地会想要突出自己的价值。然而，在雪中送炭的故事模型中，我们需要让你的听众做英雄，让他们发光发热。而你仅仅是一个配角，一个助力他人成功的工具。这样说听起来有点反人性，做起来更不容易，但是只有让老板认为“这个方案最终帮到的是我自己”“我把这个资源给了他之后，我是最终的受益人”，他才会心甘情愿地让天平向你倾斜。

我们在教练高管演讲的时候，会提醒高管在演讲中不要总把“我”作为主语。“我可以做什么……”“我可以解决什么……”，这样说只会把自己和听众孤立起来。同样一件事，当你换一个角度说“当你用了这个方法，就可以解决……”“当你用了这个产品，就能成为……”“当你用了这个服务，你的公司就能……”时，不仅是听众听着好听，你让他们认为你说的事情和他们有关，让他们喜欢，更是强迫自己站在对方的角度去思考问题。

完美结局

很多人认为，完美结局有什么好讲的？给出方案后，老板自己就能领悟了呀。画龙点睛，完美的结局，就是带着听众畅想美好的未来。对这个未来的渴望，会成为他拍板决策的临门一脚。只有明确了目的的结局，才是完美的结局。

所以，要应用"雪中送炭"故事模型，我们来看看顾强的汇报要怎么做：

> 老板，多谢您抽出时间跟我开这个会。您也知道，最近某某公司对我们公司的挑战蛮大的，尤其是对销售这边。（背景）
>
> 上周大会上，大老板和销售总监说到现在拿单子比以前更不容易了。我们后来也跟销售同事聊了，也能感受到他们的焦虑。（冲突，也反映了老板可能有的感受）我跟他们提到我们现在做的这个新系统，他们都觉得挺兴奋的，感觉有盼头了。（解决冲突和相应的反应 / 感受）
>
> 所以今天我想要说，怎么能通过开发先进的报表功能帮助销售提高竞争力……（在此讲细节，即如何用这个工具解决冲突的细节）
>
> 我们相信一旦团队拥有更强的人工智能能力，就能够在两个月之内开发出一个关键的报表功能，立刻就让销售对客户的需求有更深的了解，这对他们拿下订单会有很大的作用。
>
> 平时人家可能总觉得咱们 IT 部门是花钱的职能部门，等我们这个功能出来以后，帮销售拿下订单，业务部门对我们就该刮目相看了。（反映出老板对完美结局的感受。）

如何深入了解领导／同事的需求

故事易讲，人心难测。在雪中送炭的故事模型里，最难的是抓住老板的痛点，知道什么样的境遇是他的鹅毛大雪。这样你送的炭，才会有意义。那怎么才能深入了解老板和同事到底要的是什么呢？以下几个方法是我们所知在大部分公司都行之有效的方法。

1. 沟通了解法。最有效的方法就是和老板直接沟通，当然我不是让你跑去问："老板，你的需求是什么？"这听起来就有些直白了。你可以委婉地问："老板，您觉得当下对咱们部门最重要的三件事是什么？"或者当你发现你总是做不到位的时候，你可以和老板核实一下他心目中的标准是什么？比如问："我如何做可以帮到咱们部门？""您觉着，这个项目成功的标准是什么？"其他的沟通还包括：参加老板组织或参与的会议——经理会、项目会、全员会，创造机会和经理、同事等不同层级的人一起交流，吃饭聊天等。有时候在这些非正式的场合更容易了解他们真正的想法和需求。

2. 研究资料法。询问和收集公司、部门和团队的 KPI；看公司的内部刊物，内网新闻，公众号；看老板发给团队的邮件、报告和资料。站在老板的角度去看一看，他的 KPI 是什么，为了达成他的目标，你能够帮助他做什么？

3. 综合验证法。结合沟通了解和研究资料的结果，通过日常和老板的接触，验证老板的需求是什么，痛点在哪里，思考你能提供什么样有价值的方案来帮助老板解决问题，实现个人和公司共赢的结果。

要知道，很多事情在你和老板开会讨论之前就大局已定，开会就是走过场而已。如果你平时不注意和老板或同事建立并维护关系，不给他们讲你的故事，也不关心他们的故事是什么，他们的痛点是什么，总是一上来就要钱、要人、要资源，谁愿意听呢？那你和美容院催着顾客办卡的姑娘，有什么实质性的区别？

当然，在职场上我们每个人都有自己的利益诉求，很多时候位置决定脑袋，你所在的位置导致你可能和其他部门的同事存在一定的利益冲突，这怎么办？

这时候，就需要你在看似两个完全没有交集的故事中找到交集，这也就是我们常说的“双赢”。否则的话，你也许可以一次两次靠耍嘴皮子说服对方，但是时间长了，别人不可能总是让你的故事成为主旋律。在职场上，要想走得远，就必须要学会跳出自己的故事，看大局，懂得放弃短线利益，放长线钓大鱼。

这其实也是故事思维的力量，每次当你讲故事的时候，如果能够用“雪中送炭”的模型，就不得不从管理层的角度去思考问题：我努力的方向，是公司的战略方向吗？如果把我的故事放在公司的大故事里，对全局来讲，我的需求是否是最佳方案？

想老板之所想，做老板之所不能及，你开口的时候，能够让老板觉得：嘿，这话算是说到我心坎儿里了，心有灵犀，不点破就懂。

小结

我们在工作中，做一个提案，提出一个需求，最终的目的一定是得到领导和同事的认可，获得你渴望获得的资源。然而，人性总是自私的，除了父母，没有人会因为“你想要”，就把资源给你。只有把“我想要”和“你需要”挂钩，让你的听众感受到你讲的故事“和我有关，让我喜欢”，你的提案或者需求最终成全的是“我”，他才会心甘情愿地做出对你有利的决策。

雪中送炭的故事模型或许能够帮助你渡过一两次的汇报难关，只有学会了“雪中送炭”的故事思维，想老板之所想，站在公司的战略高度去看待问题，才能够让你在职场上走得更高、更远。

小练习

想一个你需要和老板/同事要资源或者寻求支持的情境，在这个情境中，你认为他们最关心的目标是什么？他们最担心的又是什么？如果答案不是很清晰的话，尝试用以上三种办法更深入地挖掘对方的目标。

第 14 章

不会讲故事的领导，不是好领导

领导力是让别人心甘情愿做你希望完成的事的艺术。

——德怀特 · 戴维 · 艾森豪威尔将军

有一次我给一家科技公司的高管团队做团队教练。前一天晚上，请我去的那个副总裁发微信跟我说：“我觉得我的团队有点儿怕我，我特别不喜欢他们这样。”我说：“没问题啊，咱们明天就解决这个问题，不过你得答应我，明天轮到你分享你自己故事的时候，你要展现出你脆弱的一面，多分享你的失败故事，不要总是讲你的成功故事。”他一口答应了。

第二天团队教练的主题是“生命线”（参见第20章小练习），我让大家每个人都分享一个生命中对自己影响最大的故事。我自己先起了个头，分享了我高考失利的痛苦经历以及我是怎么从失利中爬起来的。接下来每个人都分享了他们的故事，从眼看着父亲罹患癌症却无能为力，到在车祸中拣了一条命回来，我们又哭又笑，用了整整一包纸巾。最后，轮到这位副总裁了，他站上去把他从大学毕业到现在的轨迹讲了一遍，也分享了他从中学到的道理，只不过从头至尾没有提到一个失败的故事。我心想：“我们说好的失败故事去哪儿了？怪不得你的团队怕你，谁不怕一个貌似完美的人啊？”

又过了几个月，另外一家公司请我去给他们做同样的团队教练。当时他们的中国区总裁刚从美国总部空降到北京，急切地希望能够赢得团队的信任，所以我给他设计了一个访谈环节，由我来访谈他。前一天晚上，我还是像之前一样，提醒这位总裁要展现脆弱的力量。第二天，访谈还没进行 5 分钟，他说到曾经在伊拉克战争中失去的战友，让我没想到的是，这位 50 多岁、微胖还有点儿秃顶的大老爷们儿，居然哽咽了，反倒弄得我有一丝不知所措。我心想："哇，这老板太会讲故事了！"

为什么不会讲故事的领导不是好领导

我经常听人说马云其实没什么真本事，就是会讲故事。每次我都想，那你倒是也靠讲故事成功啊！的确，马云的成功离不开他的故事力，事实上，一个好的领导，必须是讲故事的高手。

如果你从来没听过这个说法，或者从来没想过领导为什么需要讲故事，估计你在职场生涯中所接触的领导大都是命令型的——他说什么就是什么，也不给下属做什么解释。这种领导风格在中国的文化传统里是有迹可循的。《论语》里有一句话："民可使由之，不可使知之。"有人认为，其大意是要让老百姓按照领袖指引的道路走，没必要让他们知道为什么。这样的领导方式在 2 000 多年前可能是行得通的，但是在资讯高度发达的今天就行不通了，更不要说年轻的一代了。我总觉得，他们的字典里压根儿就没有“忍辱负重”这 4 个字，如果他们在心里不信服你这个领导，那即便你坐在领导那个位置，他们也不会听你的。

每一个领导都需要知道，当你在上面讲话的时候，听的人脑子里一直有这三个字 ——“凭什么？”，如果你不能回答这个问题，那你的沟通就是无效的。

- 当你新官上任的时候——凭什么会是你？
- 当你发号施令的时候——凭什么听你的？
- 当你激励员工的时候——凭什么信你的？

要回答这些问题就需要搞清你是谁。你有什么样的价值观。作为领导，你的内在动力是什么。

你想要成为什么样的领导？你又想要把你的团队带向哪儿？如果这些都搞不清还想领导他人，那你还是先领导领导自己吧。

通过讲故事影响下属的前提是你要搞明白自己的故事。作为高管教练，这其实是我们工作中最重要的一部分：帮助领导以终为始地思考自己的领导力故事。这些故事有的是个人层面的，有的是公司层面的，有的甚至是哲学层面的。无论哪个层面，目的都是发挥影响力，影响你的员工、客户、消费者，以实现企业的愿景和使命。

在这一章，我们将从领导 / 管理者的日常职责来看，看他们经常需要面对什么样的关键场景，需要展开什么样的关键对话，讲什么故事是最有效的。其实大部分的故事模型我们已经在之前的章节中解释过了，在本章我们会着重强调一下它们在领导他人场景中的应用，比如：

- 刚升职做团队的领导，如何跟团队介绍自己？
- 如何激励团队，在必要的时候“打鸡血”？
- 如何给团队讲愿景的故事，让员工觉得自己不仅仅在打工，而是在为一份事业奋斗？
- 如何讲好故事，让企业的文化传递下去？

领导要讲的故事很多，但是最重要的 3 个故事就是回答传达室大爷问你的 3 个问题：你是谁？来干什么？要去哪儿？

- 你是谁？——介绍自己，介绍自己的公司。
- 来干什么？——解释你为什么在这里。你来卖东西，还是来要投资？
- 要去哪儿？——给方向讲愿景。但是只讲没用，你还得讲明白为什么，或者怎么去。比如：当你要给出一个新的方向的时候，你首先要向员工讲明白，我们为什么要这么做，让他们觉得有道理，然后才能讲怎么去你想带领他们去的方向。

让别人信任你、跟随你：好领导必备的 5 个故事

“我是谁”的故事

安妮特 · 西蒙斯在《故事思维》中提到建立信任需要先讲这两个故事：“我是谁”和“我为什么来到这儿”。这其实就是我们之前说到的“价值观”和“动力”的故事。回到刚才那个空降的中国区总裁的案例，新的领导来了，团队现在会有什么想法？他们想知道，你跟前任领导有什么不一样的地方？你有什么拿手绝活？你会帮助他们吗？你是说话算数的，还是朝令夕改的？他们心里需要对你有一定的信任，才能心甘情愿地接受你的领导。这时候才谈得上“领导力”。所以艾森豪威尔将军说过：“领导力是让别人心甘情愿做你希望完成的事的艺术。”

所以作为领导，每次你开口之前都要问问自己，要讲的是领导的故事，还是领导力的故事？就好像文章一开头的那两位领导，前者讲的是“领导的故事”，后者讲的是“领导力的故事”。一字之差，对别人的影响就差了十万八千里。领导的故事是“想当年，我 ×××”的自我陶醉的故事，而领导力的故事，一定是为了激发他人，影响他人，让他人兴奋起来的故事。

在讲“我是谁”的故事的时候，我们的目的就是赢得他人信任，让他们心甘情愿做事。然而，我看到的领导在讲我是谁的故事时经常会陷入两个误区：

- 只有我牛才能证明我行
- 只有我行才能证明我值得信任

领导力培养是一场旅程。既然是旅程，就包括过去、现在和未来，而且总是在不断变化的。

好的领导者通常热衷于分享他的过去给听众，因为那是塑造他生命、职业生涯和成功的礼物。对任何一个人来讲，只有理解了你的过去，才能理解你的现在，也才能理解你的决策。

我的现在 = 我的过去 + 我的改变

我的未来 = 我的现在 + 团队愿景

在第 10 章中我们提到过价值观的故事怎么讲。可是，有这么多价值观，要讲哪一个呢？这就要看你最想让你的团队拥有什么样的团队文化，以及他们内心渴望什么样的领导。假设你希望你的团队拥有创新文化，那你就要讲一个能够彰显自己创新精神的故事；如果你知道这个团队的前任领导不怎么关心下属，团队成员非常希望你是一个关心下属的领导，而且这正好也是你的价值观，那就讲一个“有一次下属需要帮忙，我即使加班也会留下来给他做指导，助他成功”的故事。当然，要记得故事只能包装事实，不能创造事实。如果你根本不是这样的人，那再怎么讲故事，过几天也会露出狐狸尾巴的。

“我为什么来到这儿”的故事

对于团队领导，另一个非常重要的故事是——“我为什么来到这儿”。讲这个故事的目的就是要拉近彼此的距离，让团队知道你被提拔或空降，不是因为你有关系，也不是因为你颜值高，而是因为你的奋斗和别人的帮助。你需要讲一个“我本来有个梦想，但英雄之旅很艰难，做了这、学了那，还是经常失误，后来我的老领导给我指点迷津，才让我有了方向，能往前冲，今天才能到这儿”的故事。这其实也是“我希望我能成为受你尊敬的领导”的故事。

记得有一次，一个学员在“在行”上请我帮她看看她的述职演讲，请教还需要增加什么内容。她刚从设计院的基层被提拔到一个大的项目团队当总负责人，需要在老领导、新领导和新团队面前做一个十几分钟的演讲。我看了一眼她发来的稿子，虽然内容很多，但总体感觉还是比较假大空的，尤其是感谢领导的那部分。而且作为空降的新团队的领导，虽然她有很多表决心的话，但大都是祈使句，我要如何如何，我希望大家怎样怎样，听起来更像是强行表态。虽然我能理解有些话是必须要说的，但这并不代表除此之外，我们不能做一些更有情感的沟通。《人民日报》《新闻联播》也十分贴近民众，我跟她说：你的演讲不需要增加什么内容了，就需要增加一些故事。

后来，我帮她捋了一下她从基层成长到团队领导的过程，包括这中间她曾经参与的项目，她是如何从一个什么都不懂的大学生一步一步走上来的。用英雄之旅的故事模型帮她重塑了她的蜕变故事。让她的团队成员理解，原来领导也是人，领导也是这样一步步从“狗熊”变成“英雄”的。这样讲非常有助于和新下属建立信任。

脆弱的力量——失败的故事

如果你仔细研究马云的演讲，就会发现不同于其他的中国商界领袖，马云经常讲失败故事。比如，他当年开翻译社的时候怎么赔本赚吆喝，后来做“中国黄页”又是怎么失败的。为什么马云经常讲失败故事呢？这就是他精明的地方。

让别人对你产生好奇

看电影的时候，当你看到主人公失败了，你会认为电影结束了吗？当然不会！反而你会自然而然地想知道主人公后来是怎么克服困难、摆脱困境的。

所以，生活中的失败和失败故事里的失败不是一个概念。故事里的失败不过就是一个在当时尚未解决的冲突。当马云讲到他开翻译社失败的时候，听众就想知道“那后来他是怎么解决的呢？”“赔了多少钱？”这些问题激发了听众的好奇心。

不让人感觉被说教

没人喜欢被说教，当说教的人摆出一副高高在上的样子时，听的人，除非是你的忠实粉丝，否则多少会有些抵触。《认同感》里总结道："故事之美在于它不会趾高气扬地指指点点，而是将事实娓娓道来。"

当你分享自己失败或者失落的故事时，得把自己的姿态拉低，从而迅速和他人达成共鸣：你看，我也失败过，败的比你还惨呢！我也焦虑过，所以你还焦虑什么呢？当你有了这个亲和力，后面的陈述和教导就没有威胁感了。

建立信任

有一次，我在一家药企的年会上给他们全国 200 多个销售总监讲"故事力"这个话题，其间我让他们做了一个练习，和坐在旁边的同事分享一个自己的失败故事。分享的过程中，我从讲台上走下来，让工作人员把灯光调亮，这时候我看到已经有人开始抹眼泪了。事后，一位 40 多岁的总监拉着我说："你知道吗？刚才我们桌上有一位同事跟我们分享了他念医学院时差点儿念不下来的故事，而且我竟然把这辈子都没有跟别人说出来的故事跟一位根本不认识的同事分享了。你太神奇了，我太感谢你了！"

其实不是我神奇，是故事很神奇。如果我能跟你袒露我脆弱的一面，证明我足够信任你。因此，你也应该毫无保留地跟我敞开心扉，信任就是这么建立起来的。

有一位投资人朋友跟我说过，他从来不投没有失败过的创业者。在他看来，只有输得起的人才能干大事。很多人以为只有讲自己成功的案例才能证明自己有多牛，却不知道只有“失败”才能凸显你的学习和成长。只有经历过磨难而形成的性格才是真实的，而且很多人生命的转折点都是来自一次刻骨铭心的失败。

每个人都经历过一些失败，每个人都有不为人知的故事，正是这些失败和无助的经历塑造了我们现在看世界的方式。很多成功人士之前认为的至暗时刻成就了他们人生中最辉煌的时刻。正是他们在至暗时刻的渴望，成就了他们的成功，让他们走出了艰难的局面。渴望往往来自挫折、痛苦或者欲望。

我们曾经讲过，讲好一个故事需要左脑、右脑和勇气。然而在现实生活中，我们看到很多领导，左脑发达，右脑欠佳，勇气缺乏。在表达的时候充满逻辑性，但是缺乏情感的表露，更没有勇气去展示真实的自己。

脸书的首席运营官雪莉·桑德伯格 2016 年在加利福尼亚大学伯克利分校做了一个毕业典礼演讲，在短短 25 分钟的演讲里，她讲了至少 10 个故事，这其中最打动人的就是她分享自己的丧夫之痛：

> 我以前从未公开谈论过这件事，其实很难说出口。我会尽量控制情绪免得哭出来，弄脏这件漂亮的伯克利长袍不太好。
>
> 一年零十三天前，我的丈夫戴夫去世了，很突然也很意外。我们去墨西哥参加朋友的 50 岁生日聚会。我睡了个午觉，

戴夫去锻炼。接下来的事完全不可想象，我走进健身房，看见他躺在地板上。后来我坐飞机回家，将这个不幸的消息告诉了孩子，最后亲眼看着他的棺材下葬。

他去世后的好几个月里，我常常悲伤得无法自已，内心只觉得一片无尽的空虚四处蔓延，它占据了五脏六腑，我无力思考，甚至感觉要窒息。戴夫的死深刻地改变了我。我终于明白了什么叫切肤之痛，也体会到痛失所爱的残酷。但我也明白了，当生活给你当头一棒，堕入悲伤之海，你能做的就是奋力游向水面，大口呼吸。我明白了，即便悲伤至空虚，或是面对巨大挑战，你仍然可以选择快乐和有意义的生活。

我跟你们分享亲人离世的感受，是希望你们能在走上社会时就理解失去的痛苦，明白什么是希望、力量和心中永不熄灭的火苗。

真正有勇气的领导从来不讳谈过去的失败、不堪、转变和成长，他们抓住每一个机会，将其作为和听众建立更深的情感联结的阶梯。因为当你有勇气去展现自己脆弱的一面时，你就能迅速和他人建立连接，而不只是高高在上地说教。

你可能会说，大家不都向往成功和幸福吗？既然这样，为什么要讲失败的故事呢？要知道“向往”和“共鸣”是两码事，正如好莱坞剧作家罗伯特 · 麦基所说：“人们对权力毫无共鸣。人们尊重权力，依赖权力的庇护，反抗权力，崇拜权力，但不会和权力产生共情……失败者的感觉要比其他一切都更能让人产生共鸣。世间对成功人士是难以共情的。”

那难道成功人士就永远无法和他人产生共鸣了吗？倒也不是，我们会和夜深人静独自躺在床上的那个成功人士共鸣，因为当一切光环褪去，他也会和我们一样感到孤独，甚至自卑。

正因为此，罗伯特·麦基建议：“请以优雅的谦卑姿态做营销。”无论是在推销自己、推销观点，还是在推销产品，没有什么比高高在上的样子更让人讨厌的了。

所以，领导们，你们吃过的苦，走过的路，一路积累起来的经验，其实是你们人生中最有价值的财富。如果没能把它们通过好的故事表达出来，那可真是太可惜了！

激励团队的故事

做领导少不了要给员工打鸡血，激励他们在面对困难的时候继续努力实现目标。这个时候最有效的方法不是用鞭子抽，用绩效压或是用奖金砸，而是讲故事。

我们在企业里做过多年的管理者，深知员工日常工作的动力都是围绕着自己的。也许这是外在动力，是跟物质、社会标准挂钩的目标，要想激发这样的外在动力，用工资、奖金和公开的认可就可以实现。此时不需要讲故事，直接画大饼就行。就好像我跟我的团队说，今年业务如果翻番，我们就去海外团建，这一句话就够了。

然而大饼偶尔画一画还行，但对于员工在工作中面临的实际问题，比如完不成销售业绩，有畏难情绪，不自信，不敢说出自己的想法等行为和信念上的问题，饼画得再大也解不了近渴。此时最重要的就是要通过激励员工帮助他们实现内在成长。

激励的目的就是在“是什么”和“可以成为什么”之间搭建起一座桥梁，激励他人的故事的实质就是让别人从“现在是谁”联想到“可以成为谁”。如果你的故事能做到这一点，那么你就赢了！

但是在讲这个故事之前，你必须搞明白，你的团队当前是缺乏动力还是缺乏能力？对于这两个问题，要讲的故事是完全不一样的。这就像吃补药，你得先搞明白自己要补什么，不能随便补。

创业初期，我们在做线上付费课程的时候，进行了不少曲折的探索。我们内部讨论的时候，觉得某些好的课程选题能够为学员提供切实的帮助，在粉丝中进行小范围测试的时候也获得了不少好评。可是一旦将它们投放到市场中，就会发现学习效果并不是那么理想，历经一次又一次的迭代，还是会有一部分人反馈说：“内容太深，不会用。”讲故事线上训练营就曾遇到过这样的问题。

当课程改进到第五个版本的时候，团队成员就提出来：“或许是‘故事力’这个概念本身就太超前了？我们再怎么修改形式也没用啊！”在这时候，作为领导，我看出大家并不是没有继续探索下去的能力，而是由于前期的失败丧失了动力。单靠告诉团队课程卖出去了给你们分提成不行——画这样的大饼是没用的，因为他们已经一口都咽不下了。

于是我给他们讲了一个拳王阿里的故事：当拳王阿里和劲敌乔进行他们第三场世纪大战的时候，两个人一共打了八个回合都没有分出胜负。到第九个回合，乔和阿里都想："不打了，认输吧。再上场就真要被打死了。"于是阿里跟教练说："我们把白毛巾扔出去投降吧。"教练问："真不想再坚持一下了？"就在这时，当教练准备扔白毛巾的时候，乔的教练先一秒钟把白毛巾扔进场内。阿里成了全美冠军拳王。或许很多还没成功的事，只是时候还没到。

讲这个故事的目的是让团队感受到，或许我们离胜利只差一步了呢，坚持本身就是胜利。结果，当我们正在纠结怎么把训练营拆分成两个小课的时候，喜马拉雅找到了我们，希望把故事力的课程放到他们的平台上。当我们把 15 堂课的 21 天训练营拆分、细化成 40 节课的时候，我们发现故事力这个概念的确很大，要在 15 个音频课里让大家充分理解并且应用，真不是那么容易的事。结果，不仅我们的课程在喜马拉雅大卖，我们还出了你们看到的这本书。所有这些都源于一个激励"动力"的故事。

"我为什么……"—— 公司愿景的故事

星巴克的传奇 CEO 霍华德 · 舒尔茨，在讲到为什么星巴克的员工，甚至包括很多兼职员工都享有全部医疗福利的时候，经常会讲这样一个故事：

> 有一天，当我一进家门，就发现自己那位靠打杂工维持生计的父亲躺在床上，他在一次配送途中把脚踝摔断了，从此他也失业了。由于没有医疗福利，家里的经济状况更加拮据。我永远忘不了这一幕，我父亲是个快垮掉的蓝领工人，父亲没有医疗保险，没有工伤赔偿，什么都没有。他的价值没有得到体现，他没有受到尊重，这让他感到愤怒。所以我下定决心，绝不会让这种事情发生在我的雇员身上。因此我决定创立一家成功的公司，为所有员工提供医疗保险福利。

这就是一个典型的“我为什么……”的故事。这样的故事主要就是体现你的内在动力。你创业开公司或者做领导是为了那个 CEO 或领导的名号，还是为了那份高薪呢？如果仅仅是为了这些外在动力，那如果公司遇到困难时怎么办？你可能就放弃了。或者如果另外一家公司给了你更好的机会，你可能马上就跳槽了。

假如你坐上这个位置，是希望带领公司达成愿景，那就需要讲一个“你看到公司的产品给你身边的人带来幸福或化解痛苦”的故事。

假如你做领导是因为你的工作给你带来成就感或满足感，那就讲一个“第一次你有机会带一个下属，看到他从一个什么都不懂的职场小白变成一个独当一面的干将，这给你带来的启发和改变”

的故事。

一个好的领导肯定也是一个好的销售，他不但需要将产品和服务卖给消费者和客户，更需要把公司的理念愿景卖给员工。因此很多时候，领导要做的工作就是解释“我为什么……”。最好的激励是让员工看到公司的愿景，有了共同愿景就有了共同目标，这也赋予大家一个共同工作的意义。

这个老掉牙的故事你可能听过：几个工人在工地忙着。路过一人，他问其中的一个人：“你在干什么？”工人说：“我在铺砖。”路人又问第二个人：“你在干什么？”工人答：“我在砌墙。”最后，路人看见一个很开心的工人，问他在干什么，他说：“我在盖一个神圣的教堂。”第一个工人在打工。第二个工人有个职业。第三个工人有个愿景。

如果员工能看到自己工作中那一份超越自己的愿景，也就是自己努力的大方向，就是找到了工作的终极意义。当然，我不是让你给下属讲这个老掉牙的故事，而是请你讲自己公司的愿景故事：你们公司在帮助什么人，克服什么困难，实现什么目标？

在阿里巴巴的美国上市路演中，有这样一段故事让我印象非常深刻。故事讲的是一位在四川德阳的“玻璃女孩”丁红玉，她是个画家，但是之前很难找到买她画的客户。然而，淘宝帮她找到好多客户。这就是阿里的愿景——让世界没有难做的生意。深居青海玉树的小伙，通过淘宝能够接触到世界另一端的客户；创业的茶商李先生，因为有了淘宝，不用再担心销售渠道，可以用心钻研更好的茶艺……

这些都是能鼓励团队的愿景故事，让他们知道你们每天熬夜、加班、敲代码，不是为了挣那点儿工资，你们正在搭建的，是一个能够帮助世界上所有想要成功的人获得成功的平台。

我在公司也经常给员工讲公司的愿景故事，尤其是当团队遇到压力，没有动力的时候，我就告诉他们："你们做的不是简单的客服，而是要为学员提供一个温暖安全的学习环境，让他们在这个环境里获得成长，成为自己故事里的英雄。"

那 B2B（企业对企业）的公司怎么讲愿景故事呢？毕竟 B2C（商对客）的环境里很容易找到有血有肉、有冲突、有感情的愿景故事。但是如果公司的客户也是企业呢？那故事的焦点就可以集中在流程改进和效率提高上。比如我就会跟负责企业培训的销售说，你们做的不是销售，而是在为企业提供更有效的学习方案，为他们的员工赋能。再比如我以前的公司摩托罗拉系统公司的专业对讲设备可以用于紧急救援，每次抗震救灾现场中都能帮助警察公安和救援人员在人命关天的时刻提高沟通效率。

只有讲故事才能把人团结在一个共同的目标周围。比拿工资更重要的是使命感。使命感不是贴在墙上的口号，是故事。因此，作为领导，最重要的还不是讲故事，而是让下属讲你的故事。企业文化就是所有员工都认同的，关于企业的故事。

用故事传递企业文化，规范员工的做事方式

教导员工正确的做事方式

很多时候，领导需要告诉员工什么是正确的做事方法，然而通常这样的沟通会变成讨论“怎么做事”的过程，并且很快就会陷入面临各种情况要怎么做的细节。然而像客服、销售这类的工作，人们很难用书面解释具体怎么做，因为精神和价值观决定一切。

比如做客服会面对各种各样的人和事，再复杂的 SOP（标准作业程序）手册也没办法涵盖所有情况，所以最好的办法是让员工理解“客户服务”的精神，当他理解了这个精神，就知道如何将其应用在各种情况——包括突发状况上了。因此，这时候，讲一个传递价值观的故事就比手册更有效。

Hubert 曾经给一家银行的 IT 部门做沟通培训。他们经常跟业务部门打交道：他们就是 IT 的内部客户。所以沟通的核心也是客服。培训的时候 Hubert 就给他们讲了几个客服的故事。

有一天演讲家罗伯特一大早开车两小时去一所大学做讲演。这是 10 点的活动。他 9 点到达的时候却发现衬衫、领带都落在家里的沙发上了。于是，他急忙到处找商店，但所有商店都是 10 点多才开门。这时候，他看见有一家商店里有工

作人员在整理收拾，他敲了敲门，低声下气地请求对方让他进去，但人家说“对不起，我们 10 点才开门”。

这时候他想到一家超赞的以客户服务出名的商店诺德斯特龙（Norstrom）。于是他打了电话，一个叫珍妮特的女士接了。罗伯特迅速说明了情况。珍妮特说，我们也是 10 点才开门，但你过来吧，我马上给你准备好。她在电话中一边问他现在的地址，一边问他尺寸。珍妮特说她会在停车场等候，而且他的同事正在熨衬衫。罗伯特惊讶地说他太太也从没给他熨过衬衫。当罗伯特赶到停车场时，珍妮特把衬衫领带递过去并且请他先走，事后回来付钱就行了。罗伯特谢过她，开车赶到现场，竟然没有迟到。

卖衣服的商店跟 IT 界差得很远，但客服精神都是一样的。Hubert 让大家思考并讨论之前跟业务部门沟通不顺利、效率低的情况，并且问大家：“结合故事里珍妮特女士的行为，你觉得可以怎么改进？”这样一问就能激发出大家的想象空间。

用故事传承企业文化

企业文化是一个听起来很大的词。建立并传承企业文化却是一个领导最重要的任务之一。将企业文化故事化是每个有远见的领导都在做的事情，因为商业模式谁都可以复制，但企业文化可不是一两天就能复制出来的。企业文化故事化让企业文化传承、贯穿，它不是发一篇通稿那么简单的，也不是单纯拍个广告，可以外包给别人去做的。企业文化故事化的责任说到底还是要靠企业领导自身，尤其是CEO和创始人，因为对他们来讲，那种企业的使命感、归属感和危机感是深入骨髓的。

当然，故事可以讲出来也可以写出来，每个领导者的沟通风格不一样。马云喜欢讲，任正非喜欢写——他经常发邮件给员工。“华为的冬天”就是IT界广为流传的一个故事。2000年，在华为财年销售额达220亿元，利润以29亿元人民币居全国电子百强首位的时候，任正非却和员工大谈危机和失败，由此激发员工的危机感。

> 公司所有员工是否考虑过，如果有一天，公司销售额下滑、利润下滑甚至破产，我们怎么办？我们公司的太平时间太长了，在和平时期升的官太多了，这也许就是我们的灾难。“泰坦尼克号”也是在一片欢呼声中出的海。而且我相信，这一天一定会到来。面对这样的未来，我们怎样来处理，我们是不是思考过？我们好多员工盲目自豪，盲目乐观，如果想过的人太少，也许这样的未来就快来临了。居安思危，不是危言耸听。
>
> 我到德国考察时，看到第二次世界大战后德国恢复得这么快，当时很感动。他们当时的工人团结起来，提出要降工资，不增工资，从而加快经济建设，所以战后德国经济增长

很快。如果华为公司真的迎来危机，是不是员工工资减一半，大家靠一点白菜、南瓜过日子，就能行？或者我们裁掉一半人是否就能救公司？如果这样就行的话，危险就不危险了。因为，危险一过去，我们可以逐步将工资补回来，或者销售增长后将被迫裁掉的人请回来。这算不了什么危机。如果两者同时都进行，都不能挽救公司呢？10年来我天天思考的都是失败，对成功视而不见，也没有什么荣誉感、自豪感，却有危机感。也许是因为这样公司才存活了10年。我们大家要一起来想，怎样才能活下去，也许才能存活得久一些。失败这一天一定会到来，大家要准备迎接，这是我从不动摇的看法，这是历史规律。

华为公司老喊狼来了，喊多了，大家有些不信了，但狼真的会来。现在我们要广泛展开对危机的讨论，讨论华为有什么危机，你的部门有什么危机，你的科室有什么危机，你的流程有什么危机。还能改进吗？还能改进吗？还能提高人均效益吗？如果讨论清楚了，那我们可能就不死，我们的生命就得到延续了。怎样提高管理效率，我们每年都写一些管理要点，这些要点能不能对你的工作有些改进，如果能改进一点，我们就前进了。

帮助员工加深对企业文化的理解和认同，并且落实到行动中，而不是仅仅停留在口号和概念上是推动企业文化的难点。越来越多的企业找到我们，希望我们帮助他们在推动企业文化的过程中，通过搜集、访谈、挖掘员工的个人故事，体现个人价值观和企业价值观的融合，做到企业文化的真正落地。

小结

亚里士多德建议商业领袖要“像智者一样思考，像普通人一样说话”，可是我们现在的商业环境中到处充斥着像普通人一样思考，像智者一样说话的人。作为领导，与其说着故弄玄虚的大话、空话，还不如讲个故事有助于沟通。其实讲故事也没什么难的，说人话就是讲故事。

多讲自己的个人故事，多表达自己的感受，能够让你更好地和员工产生联结和信任，让员工知道：我的老板不仅仅是老板，还是一个和我一样的普通人。多讲自己的失败故事，展示你脆弱的力量，一方面可以让自己坦然面对曾经的失败和挫折，另一方面，也让自己从失败中学到的道理成为鼓励员工成长的那一道光。多讲自己和企业“为什么”的故事，让员工感受到，我做的不只是一份挣钱的工作，而是一份真正有意义，能为社会带来价值的工作。

小练习

作为一位领导，请回答以下几个问题（注意：在这里“领导”的定义是任何能为他人带来积极改变的人，这和你在工作中是否有这样的职称没关系，所以任何一个人都可以是领导）：

- 作为领导，你最大的成就是什么？
- 你曾经有过的最糟糕的失败经历是什么？
- 当你有一天离开这个岗位，你最想让别人记住的是什么？
- 身为领导，你最看重什么？为什么？
- 你想给他人带来什么影响？

如果将以上任意一个问题的答案变成一个故事，你会怎么讲？

第 15 章

销售就是卖故事！如何讲故事，让客户心甘情愿埋单

每个销售人员都面临五个基本的挑战：没需求，没钱，不着急，没愿望，没信任。

——金克拉

以前我们公司有一个亚太区的销售副总裁，有一次我们一起开会，销售抱怨说：“客户总说我们的产品太贵，本土化做得不够好……”言下之意就是卖得不好不是他们的问题，是产品的问题。这个副总裁当时拍案而起，指着销售的鼻子说：“要是我的产品又便宜又好，我要你们干什么？让客户直接打400电话就好了！”销售人员立刻不作声了。

关于销售面临的挑战，美国推销天王、著名的演说家金克拉总结得特别到位，他说：“每个销售人员都面临五个基本的挑战：没需求，没钱，不着急，没愿望，没信任。”这也就是为什么销售人员更应该学会讲故事，用故事吸引潜在客户的注意力并与之建立关系，用故事感染他人，赢得信任，用故事阐述自己的产品价值，突出自己的观点。

作为销售人员，你讲的不仅是你自己的故事，还要讲出客户的故事。这个过程的最终目标不过就是让他们从潜在客户成为真实客户，再成为忠实客户；从买你的产品，你的服务，到买更多、更高、更有价值的产品或服务。

接下来我们就谈谈，如何讲故事，让你和客户在每一个关键销售环节中的沟通更顺畅。

销售人员应该在什么环节讲故事

销售是一个复杂的过程，这个过程可能以传统的方式在线下发生，也可以通过互联网在线上发生。但无论怎样，大致来讲可以分成以下几个阶段，这几个阶段可能是快速、一气呵成的，比如卖鸡蛋；也可能是一个很长的过程，比如卖基站。像我以前在摩托罗拉工作的时候，我们的销售可能需要一年才能和电信运营商谈下来一个大单。无论怎样，每个阶段都会面临相应的挑战，因此需要讲的故事也不一样。

认识潜在客户

当路边发小广告的人把宣传单递到你面前说“游泳健身了解一下”时，当电话的另一端问你“贷款有需要吗？”，当美容院的小姐话里话外让你办卡……你是不是瞬间心里就立起一道屏障，对方再说什么都很难听进去了？销售大师凯文 · 罗杰在他的著作《60 秒成交术》中讲道：“当客户观察到即将开始销售说辞的瞬间，他们的‘心理之门’会砰然关闭。”

所以，销售最初阶段的关键根本不是卖产品，而是推销你自己，目的是不让对方把你关在他的“心理之门”外面。如果可以让对方对你有好感，那当然更有帮助。此时你最需要讲的就是关于“我是谁”的故事，像拉家常一样介绍自己，讲一些帮对方了解你在做什么的故事。

开始建立客户关系

如果潜在客户在某种程度上对你或者对你公司的产品、服务多少有点兴趣，想了解更多，那么此时你就需要讲一些关于“我们公司是做什么的”或者“我为什么做这个工作”的故事，目的是让对方更加信任你，信任你的公司。

确定需求

很多时候，潜在客户并不知道自己有需求，即使知道，那很可能也只是一种模糊的感觉，所以销售花时间最多的就是帮助顾客认识到他有需求以及确定他到底想要什么。通过讲“我们都帮到了什么人”的故事，可以让客户在别人的故事中找到自己的影子，逐渐确定自己到底想要什么。在没有确定需求之前，任何关于产品的介绍都是浪费时间，只有在客户知道自己想要什么之后，下一个问题才是“你这个产品 / 服务能帮到我吗”。当他和他想要的东西之间有一个缺口出现时，销售的机会就来了。

推销产品服务

也许第一次见面，聊得很有默契，正好客户也有需求，于是你们约定下一次见面，对方也可能会请你去公司给其他人做个正式的介绍。在这个过程中，你可能会对不同人反复讲“介绍产品和服务”的故事，以及为什么你的产品和服务才是他们最需要的。

当然现实没有那么简单，在这一步与下面完成交易那步中间，可能还需要反反复复来回几轮，这其中你还需要回应一些“反对”的理由，以及讨价还价。在大型的采购中，可能还会涉及招投标的过程。

完成交易

最终当你成功地让客户相信，你的产品才是最适合他们的时，便签约成单，完成交易。

具体在以上哪个环节，通过什么方式，讲什么故事都需要看情境，看对象。有的潜在客户是第一次见面，那么你就要从建立信任的那些故事开始讲起。有的客户则更关注产品或服务的特点以及功能，那你就可以直接跳到产品的故事。更多情况下，你可能根本无法直接接触到潜在客户，那么很有可能这些故事都是通过一些线上的传播方式——比如公众号文章来推广的。

和客户建立信任必备的 3 个故事

美国心理学家卢维斯说过："不论是谁，在被说服的最开始阶段都会怀有戒心，不希望因被说服而有所损失。因此，通常情况下，我们都会对外来的说服保持戒心，处于封闭状态。"确实，对陌生人来说，克服他们对你的怀疑就跟克服地心引力一样难。所以，故事就是一个应对对方戒心非常好的方式，谁还不爱听个故事呢？

"我是谁"的故事

哈佛商学院社会心理学教授埃米 · 卡迪在她的研究中指出，当人们初次遇见一个陌生人的时候，心里会有两个问题："这个人值得信任吗""这个人值得尊敬吗"，这两个问题合起来构成了别人对你的第一印象。很多人把这两个问题混在一起，认为如果我证明我很牛，那别人就会尊敬我，从而信任我。其实这是两个维度的问题。人们只有在对你有了初步的信任之后才会想进一步了解你，包括听关于你有多牛的故事，从而对你产生尊重。一味地展现自己的能力非但不会令人肃然起敬，反而会弄巧成拙。

讲故事，就是获取信任的捷径

每次我去做培训的时候，在破冰环节都会给同学讲一些小段子。每一个段子背后都是关于自己的一个小故事，有的是关于个人生活的，比如我和我老公怎么认识，我有几个孩子等；有的是关于自己的教育背景的，有的是关于职业的，比如工作多少年，之前是做什么工作的。讲这些小故事有两个目的。首先，没有人会相信自己不了解的人，所以讲讲关于自己个人生活的小故事，可以拉近和同学的关系，这也回答了埃米·卡迪教授的第一个问题："这个人值得信任吗？"

其次，光有第一点还不够，我还需要回答第二个问题："这个人值得尊敬吗？"没有人在生病的时候想去看一个没有任何资质的医生，同理，没有一个客户会相信一个毫无权威的人讲的产品和品牌。当然，你不一定要把自己说的好像是全能的样子，但你需要一些能够打造自己权威性的故事。所以我还需要讲我曾经做过什么工作，为什么会成为教练，让学员相信我这位老师是有真才实学的，今天这一天是值得花时间来学习的。

"我（我们公司）是做什么的"的故事

我以前在摩托罗拉工作的时候，从来没认真给我妈解释过我是做什么的，我想当然地认为：这有什么可解释的？结果有一次我听见她跟电话里的人说："其实，我也不太知道我闺女是做什么的，好像就是坐着飞机到处给人家送手机零件什么的。"我当时差点儿没笑晕过去。手机零件要这么送，还不赔光？

俗话说"隔行如隔山"，我们总以为别人都懂我们的职业，其实不然，而且越是专业的领域，别人越难理解。每个工作的实质都是解决问题，如健身教练是解决客户关于体型、健康的问题，我现在做的教练是解决客户关于领导力和沟通的问题。所以如果让你用一个故事来解释你的工作，最好的办法就是讲你的工作是如何解决你所服务的人群的，具体来讲，就是讲你帮助他们解决了什么困难。有困难就有冲突，有冲突就有了故事。

再后来我换到政府关系部门的时候，我想我必须得给我妈好好解释一下我的工作了。所以我就给她讲了一个我是如何帮助公司解决了一个工商注册问题的小故事。

“我为什么做这个工作”的故事

我有一个程序员朋友，兼职做精油芬芳师，她成功地把 Hubert 这个“钢铁直男”转化成了她的忠实客户，我们家现在到处都是他买来的精油。我这个朋友经常跟别人讲起她一个程序员为什么卖起精油的故事：

> 前年，我妈妈甲状腺结节突然发炎增大。我送她进手术室，换好衣服，妈妈对我说：“我一会儿就出来了，不用害怕。”我知道其实这话应该是她说给自己的。我看着她花白的头发，穿着手术服的背影消失在手术室的大门里，心里特别不是滋味，那是一种你想要保护却无能为力的无助。
>
> 虽然手术很顺利，但是术后妈妈一直不舒服，精神萎靡，唉声叹气，伤口也恢复得很慢，还有积液。医生建议开一些

激素类的药膏涂，妈妈觉得不好。我咨询了我的精油老师，给她配了精油。一开始，她特别不爱用，觉得这都是在骗人。可也没有其他更好的办法，就试了试。神奇的事情就这样发生了，她的伤口很快消肿、结痂，长出了新肉。妈妈的心情也好了起来，看到她越来越好，我就想把这一份喜悦延续下去，传递给更多的人。

讲“我为什么……”这个故事有3个目的。

第一，让别人更了解你。

谁都知道她卖精油是为了赚钱，她自己也跟我说过，当哪天她卖精油的“斜杠”收入超过她的本职收入时，她就会辞去工作专职做芬芳师。赚钱是个不言而喻的外在动力，也没什么可遮掩的。金钱、地位，这些外在动力人人都有且大同小异，然而真正让别人了解你的，是你的内在动力。是什么在驱使你做你的工作？这个答案是因人而异的，也能真正看出一个人的底层思维。

第二，为工作赋予更大的意义。

金克拉曾经说过：“销售不是你让他人做的事，而是你为他人做的事。”每一个销售都应该真心认为自己做的工作是为了帮客户一个大忙，这才是这份工作更大的意义。卖保险的人一定要相信，卖保险不仅仅是为了赚钱，还是为了客户的身体健康和家庭幸福。像我这样卖培训的就一定要相信，我们的课程可以帮助学员改变行为，改变命运。也许你会觉得这么说太骄傲了，但是如果连我自己都不相信，那我怎么可能做出高质量的课程呢？又怎么能让客户相信这些课程能够帮助到他呢？

第三，和潜在客户建立共情。

我经常在我的文章和演讲中讲到我和我妈吵吵闹闹的故事，其实这背后有一个道理叫作“人人都有妈”。当我说当初我想要创业，我妈万般阻拦的时候，听的人肯定会心一笑，因为想必大多数当妈的都是这样。这个会心一笑就是故事中的“共鸣”。当你敞开心扉跟别人分享你的故事时，听的人下意识地觉得自己也应该说点儿什么关于自己的故事。当客户一旦开始分享自己的故事，且你又能对他所处的困境感同身受的时候，你就和他就创造了一种联结。随着这种联结的建立，怀疑就渐渐消失了。人们信任那些能理解自己的人，这也为对方信任你所推荐的产品和品牌打下了基础。

客户没需求、没愿望、没钱也不着急，怎么办

想想你听过的产品介绍，是不是很多都是：我们的产品可以做这个，还可以做那个，有这个功能，还有那个功能……讲的人眉飞色舞，听的人却很厌烦。销售人员最常犯的错误就是——只卖产品和服务，而不讲它能帮客户做什么。前者就是背产品说明书，

后者才是真正能够和客户产生联结的沟通。在介绍产品和服务的故事里，主题只有一个——如何帮助你的客户成功。这个故事本质上来讲就是一个成功故事，和之前讲的一样——有背景，有主角和他的动力，有冲突，有解决冲突和结局。唯一不一样的是：你表面上讲的是客户成功的故事，但实际上衬托的是你想要推销的产品的成功。具体来讲可以分这样几步：

故事背景——平衡状态

做销售的需要了解，大部分的需求都是隐性的，也就是说客户并不知道他需要你的产品或服务。此时客户处在一个自认为平衡的状态，觉得自己还挺好的，没什么毛病也没什么风险，或者即使有风险，那也是可控的。如果你不能将他从那个平衡的状态中拽出来，他就会一直待在那个状态里，那么他对你接下来要说的内容也就不会关心，无论你再怎么鼓吹你的产品、品牌，他也觉得那跟他没什么关系，因为他好好的呢。

这个平衡状态是客户的共性，点明它，实质上就是在与客户取得共鸣——哎，你看，曾经王总他们公司，就是这样的，可是后来……这不就是一个故事吗？

触发事件——引起冲突

那么在什么样的情况下，客户才会从平衡的状态中出来呢？这就需要有一个触发事件。这个触发事件在个人层面可能是身体状况、就业状况、家庭状况，也可以是企业层面的，比如业绩的上升或者下滑。可以是内部的，比如招聘、供应链、信息安全带来的变化，也可以是外部的，比如竞争对手、投融资、并购、拆分、重组、政策法规带来的变化。

在讲冲突的时候，最重要的就是要讲出冲突带来的负面情绪。因为很可能客户不会经历或者说还没有经历和你故事中一样的冲突。但是冲突中的情绪谁都有，也是最容易感染人的。一旦潜在客户把自己和故事中的主人公联系在一起，就建立了联结，这种联结就是共鸣的基础。

雪中送炭——解决冲突

我们之前讲“雪中送炭”的故事模型时讲过，在冲突和解决冲突中最重要的，就是能够见血封喉，直击听众的痛点，解决他们的问题。然而，放在销售的场景下，如果问题解决得太快太直接，反而无法引起共鸣，只会让人觉得“假”。“包治百病”“立竿见影”的药，多半是骗人的；无须本金就能挣钱，在家躺着就能稳赚的，多半都是传销。

所以，在销售的故事中，你卖的并非灵丹妙药，销售的过程也并非一次就能成功。你和对方一定都经历了千万种尝试和波折，对方也对你产生过各种各样的疑虑，最后好不容易，才修成正果。所以，在这里，尝试和反馈的过程会显得非常重要，这就需要用到“冲突”和“冲突升级”。病不是一下子就能治好的，问题也不是一下子就能被解决的，一些尝试和调整反而会让你的故事显得真实。

完美结局——画龙点睛

完美的结局就是画龙点睛。不要假定别人听完你的故事以后马上就能理解你的产品将如何改变他们的生活，你必须明确地告诉对方，无论你的产品或品牌是什么，最终都是帮助客户在以下几个方面有所收获：

- 赢得某种力量或地位
- 获得某人或某物
- 实现自我

所以一个好的销售故事的结尾，就是需要用一句话告诉别人：我们的产品带给你的价值是什么。

比如，好的品牌会带给人一个梦寐以求的身份或某种社会认同。苹果的产品之所以能够在年轻人中被热捧，不仅仅是因为它功能强大，更是因为乔布斯给苹果塑造了一个灵魂，让买的人觉得自己得到的不仅仅是一个手机，还得到一种身份的象征。

那么，你的产品能够带给客户的价值到底是什么呢？畅销书作家，《故事品牌》的作者唐纳德 · 米勒提出过一个模型，帮助销售梳理自己的产品故事怎么讲，讲什么（见表 4）。

表 4　唐纳德 · 米勒的模型

	选择你的产品之前	选择你的产品之后
他们获得了什么？		
他们的感觉如何？		
他们的身份是什么？		

很多企业来找我们做关于领导力和沟通的培训，但是我们的时间终归是有限的，而且多年经验告诉我们，线下培训虽然有很多好处，但也有很多局限性，所以我们会给客户推荐线上课程。但很多企业因为没有尝试过线上课程或者之前的效果不理想，对于线上课程持有怀疑态度。

运用上面的模型，我是这么梳理"有意思教练"的线上产品的（见表 5）：

表 5　"有意思教练"的线上产品

	线下课程	线上课程
他们获得了什么？	1 天的学习成果	21 天的学习成果
他们的感觉如何？	老师与同学面对面互动，很有参与感，完全脱离工作有种既轻松又焦虑的感觉	每天在学习群里讨论，有参与感，助教支持，有被关注的感觉，温暖且有力量
他们的身份是什么？	因为需要提高某方面的能力，被公司送来参加培训（线下课程以教授为主）	自己有能力成为自己想要成为的领导者（线上课程除了教授，还有教练的陪伴，因此更加有赋能感）

所以，给企业推荐线上课程的时候，通常我都是这么讲我的故

事的。

线下课的确是企业培训的首选，因为它的确有其不可替代性，特别是老师和同学的现场互动性。（故事背景——平衡状态）

但是我做了这么多年线下培训后发现，线下培训的局限性也挺大的。首先，把员工召集在一起上课的时间成本太高了，其次，课上完了，当时很热闹，但过后很快就忘了，因为没有持续的练习和反馈。最后，钱也花了，但效果还没达到。时间长了，业务伙伴会说：你们这帮做培训和人才发展的人价值何在？（打破平衡——线下课程的局限性）

我相信你们之前可能也尝试过线上学习，线上学习的确很方便，但我们又会发现线上学习很难监督，纯靠自觉，你也不知道他是真学了还是没学。因为没有作业和反馈，也不知道学员到底掌握了课程没有。还不如线下上课呢，最起码眼见为实。（第一次尝试与反馈）

我们的线上训练营和传统的线上课最大的不同是我们采用双师模式。课程是我们自己讲的，以录播形式让学员听。然后我们将学员分成小组，每组配备一名助教，他们都是国际教练协会认证的教练。采用人盯人战术，每天针对作业进行点评答疑，让学员充分感受到一对一的支持，同时企业 HR 也会在学习群里起到监督作用。21 天训练营结束后，我们为

企业提供学员学习状况的汇总，让企业 HR 全面了解并参与学员的学习过程并且看到他们的学习成果。（雪中送炭）

学习结束以后，很多学员都恋恋不舍地给助教发来自己的学习感悟，觉得这是他们进公司以来参加过的最好的培训，是最有价值的投资。其实，在线上课程上花的钱只有线下培训的 1/4，正可谓事半功倍。（完美结局）

讲好一个销售故事的目的就是要激发客户的好奇心和共鸣，让他们边听边想：如果是我或我们公司，在这种情况下会怎么做。一旦他们把自己代入你的故事，你就成功了一半。

销售的最高境界：让客户讲你的故事

一个品牌、一个产品好不好，生产者说了不算，用户说了才算。口碑，是一个品牌最好的广告。你的故事讲得再好都没有用户自己讲得好。研究表明，消费者更倾向于相信消费者，这就是为什么阿里巴巴在美国上市时，马云的路演视频里大篇幅都是阿里的客户讲自己作为小企业的故事。这一系列真人真事展示了阿里巴巴对中国小企业产生的影响。

生活在青海玉树的农民，从前只能在农贸市场卖自己的土特产；由于交通不便，侄子的球队想要买到合适的球衣都很难。然而，有了淘宝，他的产品可以推向世界，他也可以从容地从世界其他角落进行选择。

生活在浙江的爱好集邮的老先生，退休以后能干什么呢？他这些积累多年的邮票，百年之后谁来传承呢？有了淘宝，他轻松开启了事业第二春，自己的几十万张邮票也有了喜爱它们的继承人。

在北京生活的职场妈妈，朝九晚五，被工作占据了大部分的时间。置办宝宝生活的必需品又是一种时间消耗。那陪伴呢？用什么去陪伴呢？自从有了淘宝，可以利用通勤、休息的零碎时间置办生活用品。淘宝，成全了陪伴宝宝成长。

…………

你看这些普通人，每个人讲的都是自己的冲突，那谁来雪中送炭解决他们的冲突呢？阿里巴巴！这就是故事营销的魅力。难怪说品牌和 IP 的区别就是有没有故事，没有故事的品牌是没有灵魂的，而有了故事就变成了有 IP 价值的品牌。

被拒绝时，如何用讲故事应对

销售不是一个能够一蹴而就的过程，做销售就必须脸皮厚，你得时刻做好被拒绝、被挑战的准备。当客户提出反对意见或者说你的产品不适合他的时候怎么办呢？反驳、强推都是下下策。好的销售对于这些挑战应该是早有预期的，因此也应该为每个挑战准备相应的故事，来应对它们。

我们来看下如下案例。

有一个客户想要为他们的高管请教练，但是又对教练的有效性心存怀疑。有一次，我和这家公司的 HR 一起吃饭，我们还算是比较熟的，所以我就讲了这样一个真实的故事。

> 前年，我一个客户的 HR 问我要不要教练他们公司的一位高管。这位高管其实业务能力特别强，人缘也好，就是特别不喜欢面对冲突，总是用消极抵抗的方式来表达自己的不同意见，结果给领导留下了很不好的印象。
>
> 当时那位 HR 跟你一样，也很担心这位高管到底能不能真的有所转变，毕竟都到了这个级别，岁数也摆在那儿了，很多习惯不是说改就能改的。（冲突的负面情绪是“担心”，这和听众的情绪是一样的）
>
> 在我教练这位高管的过程中，他提到有个工艺流程改造的项目。他很想不通为什么采购部的人就是不同意他的方案。我就问他：“那你觉得站在对方的角度来看这件事情，他会怎么想呢？”他激动地说：我要是他，这个事情早就干了！
>
> 我问他：“你怎么理解站在对方的角度看问题？”他一下

子就愣住了，突然意识到自己根本就不是站在对方的角度看问题，而是带着自己的评判来看问题。其实，对这个级别的高管来讲，他们根本不需要你告诉他们该做什么。老实讲，他们也听不进去，他们需要自己看到自己的盲区。一旦看到了，转变就容易发生。

后来，这位高管一年后因为表现优异从一个小厂提升到一个大厂当了厂长。

我发现教练真的很神奇！即使是你认为已经不大可能改变的人，也还是能有所改变！这位 HR 客户听完当时也没说什么，几个月以后，她给我打了个电话说有位副总裁需要高管教练，问我要不要试一试？后来我才知道，我成了他们公司用的第一位中国本土的教练。

教练是一个非常不好跟别人解释的概念，所以在这个故事里，我并没有费力地讲教练是什么，而是讲教练能做什么。当听出客户对高管教练的有效性心存怀疑时，我并没有反对她，反而跟她达成共鸣，说这种怀疑很正常。

一个好的销售故事，一定能够讲到别人的心里。就算当下没需求，没立刻购买，客户也能够记得你。你接下来需要做的，就是静待花开。

小结

销售就是卖故事。故事可以说是最有效的销售工具。好的销售故事可以让客户放下戒备，建立信任。就像销售大师克莱格 · 沃特曼说的："销售不可能一次就把自己的想法传达给所有的决策者。"这就是故事为什么有效，因为好的故事能"长腿"，在客户之间迅速传播。

小练习

给你的家人或者任何一个对你的工作不了解的朋友讲一个故事，让他们理解你到底是做什么工作的。你的工作解决了谁的什么问题，让他们获得了什么改变？

第16章

教导的故事怎么讲，才能让对方平静地接受

观众最大的愉悦就在于自行发现，而不是被动接受。

——亚里士多德

曾经有过这么一个实验，一帮小孩走到吸烟的大人身边说吸烟有害健康，请他们不要再吸烟了，并且递上一个帮助戒烟的热线电话。很自然，这帮大人的反应都是："去去去，别来打扰我。"第二次，同样是这帮孩子走到一个吸烟者身边跟他要个火，吸烟者说不行，然后就给孩子讲了为什么吸烟不好。他们就继续聊，紧接着这帮孩子递给吸烟者那个帮助戒烟的热线电话，这一次很多吸烟者竟然打了这个电话寻求戒烟帮助。

为什么吸烟者有这样不同的反应呢？因为很多时候，人们做得不好并不是因为他们不会或者不能，而是因为他们没有动力。此时你给他们再多的信息也没用，他们还会对这些信息产生抵触情绪。实验中不谙世事的孩子第二次的行为，引发当事者开始探索自己的价值观、动机。听的人并没有被强迫怎么做，他们有选择地按照自己的方式来改变。

亚里士多德说："观众最大的愉悦就在于自行发现，而不是被动接受。"当你把自己的观点强加于人的时候，不但剥夺了别人的愉悦感，效果也很有限（此处"脑补"你爸妈的唠叨）。教导不等于说教，没有一个人喜欢被说教。一个好的教导的故事不会敲着我们的脑袋指指点点，而是帮助听众去反思自己的价值观，探索自己的动力，找到属于自己的答案。

如果你是领导、培训师、心理咨询师，那你可能比谁都清楚，人对概念的理解其实是很慢的，观念的转变就更慢了。

我们自己读博士读了 7 年，做企业培训和教练又做了这么多年，深刻地体会到这一点 ——“知识是靠自己构建起来的，而非从外部接收而来。”（Knowledge is constructed，not received.）在培训的过程中，如果你能够讲一个故事，就可以让学员有更多的自主思考，从故事情节中解读并领会出道理，而不是直接接受你的理论。况且真正的改变是需要时间酝酿的。很多好故事，尤其是《圣经》里的故事，也许人们听的时候并没有感受到当头棒喝的效果，但它能让你铭记不忘，一直到后来生活中面临类似的问题时，才会有“哦，原来就是这么一回事”的顿悟。

这个顿悟一定是一个新的洞察，虽然不一定是全新的，但一定是有一点新颖的。而且一定是他自己得出来的结论，这个结论就是你想让他采取的行动，比如戒烟、早起等。只有能转化成行动的教导，才是真正有效的教导，其他的只能称为唠叨。

少提“想当年”，用失败的故事教导才最有效

小时候我妈教导我的时候最喜欢讲的故事就是“想当年，我是如此学霸”，后来工作以后我又从老板那里听了无数次“想当年，我是如何拿下那个大单”的故事。相信我，这种“想当年”的故事起不到什么教导的作用，多数是父母和领导的自我陶醉。如果你一定要讲自己的故事来教导，最好的办法是讲自己失败的故事，让孩子或者下属体会到你最看重的价值观，比如坚持、吃苦、自信等。

有学员曾经问我怎么处理孩子早恋的问题，也许以下 Hubert 的做法可以借鉴。

> 儿子 13 岁的时候喜欢上了班里的一个女孩，但被人家拒绝了。可他还是不死心，坚持想要跟那个女孩聊天，最后人家去告老师了，然后老师就请家长了。
>
> 儿子在这个年龄竟然就那么喜欢女孩子了！这让当老爸的我很诧异。跟他聊天后才知道，过去一年他已经被拒三次了。我就问他，那为什么不早跟我说？他说他感到很没面子，很羞耻。
>
> 此时我差点就想说：“这有什么大不了的。人生就是这

样子……”

但我跟他讲：“儿子，你知道吗？我高中12年级的时候特别喜欢一个女孩儿，她特别漂亮，蓝眼睛，鼻子挺挺的，长得就像杂志里走出来的。而且她对谁都特别好，很招人喜欢。她还是啦啦队的。可我那时候就是一个小书呆子。”

“第一学期上艺术课，她竟然就坐在我对面，而且我们聊天很有默契。结果到了学期末美国高中的正式舞会，她竟然邀请我作为她的舞伴参加！OMG（天哪）！她竟然会看上我！那几天，我每天像是飘在云中，心不在焉。这样过了两周，也就是舞会的前几天，你这个抠门儿的老爹，竟然买了一大束玫瑰，让花店送到学校给她。”

“结果你猜怎么着？她早上过来找我，说了那句每一个男人都不想听的话：‘Hubert，我不过就是把你当作普通朋友。’儿子，你知道吗？那一刻的感觉就像是她拿着勺子把我的心挖出来了。而且这下子，整个学校1 600人，都知道我是癞蛤蟆想吃天鹅肉了！没有比这个还要丢脸的事了！”

儿子听了之后，抱了抱我说：“没关系，我还爱你。”然后他也跟我分享了在这次被拒事件中让他觉得羞耻的时刻。我的失败故事让他感觉到，这些事没什么大不了的，谁都经历过。他并不是一个奇葩，他的失败也并不可耻。后来儿子很快就从那件事情的阴霾中走了出来。

在我看来，作为家长，能给孩子的礼物就是保护他的自尊，为此分享我的陈年糗事我也在所不惜！

讲成功人士的故事，关键在于问

这当然不是说教导别人的时候不能讲成功故事，只不过很多成功人士讲的故事，包括我们小时候看的英雄故事，都很容易掉到一个大坑里，那就是把它讲得太一帆风顺。这样的话，别人不爱听，而且人们能学到的其实并不多。所以如果要讲成功故事，最重要的是突出如何成功的过程而不是成功的结果，更不要把别人的成功和被教导者的失败做比较，那只会更招人反感。

在将成功故事用于教导的目的时，无论在成人的培训还是孩子的教育过程中，关键不在于“讲”，而在于讲完之后的“问”。通过引导和互动的方式让被教导者得出自己的结论，构建自己的知识架构。

比如，现在的社会特别浮躁，一切都在向“钱”看齐，我就特别想告诉我儿子——钱不是人生中最重要的东西。可是价值观这种东西，靠强行植入是完全没用的。我说多了他一定还会告诉我：“钱不重要，那你怎么不免费做培训呢？”所以，我就给他讲了比尔·盖茨的故事：

比尔·盖茨你知道吧？他是个电脑天才，从哈佛退学，编写了一个软件，成了微软的创始人。这也让他成了世界首富。但是，1994年他和他的太太成立了盖茨基金会，就是咱们在西雅图的时候，爸爸带你去参观的地方。还记得这个基金会是做什么的吗？对！在全球层面提高医疗保健质量，减少极端贫困人口，扩大美国的教育机会以及信息科技的共用。后来比尔·盖茨索性辞去微软CEO职位，全职做他基金会的工作，每年都会把自己的钱投入这个基金会。而且还宣布最终会把所有的财产都捐出去，一点也不留。

讲完这个我就会问他：

- 你觉得盖茨建立基金会的时候在想什么？卸任CEO的时候在想什么？
- 你觉得他放弃了高收入高地位的工作，为什么还要把所有财产都捐出去呢？
- 反过来，如果是你，你会怎么想，怎么做？
- 你觉得他的选择傻吗？

当然，他很可能会有和比尔·盖茨完全不同的选择，但至少这能让他开始深思世界上的人有不同的动机，不是所有人都在追求金钱。

用被教导者自己的成功故事来赋能

说来可能有点儿反常识，其实有的时候不用讲其他人的成功或者失败故事，用被教导者自己的故事来阐述你想让他学会的道理反而更有效。比如我儿子不是很用功，也缺乏吃苦耐劳的精神。数学题做了半小时就嫌累；写了 20 分钟汉字就说胳膊疼。可玩的时候一整天也不喊累。你说要怎么开导他呢？

偶尔我们会给他讲一个故事，还稍微有用。那就是他之前成功的故事。

“你还记得三年前我们逼你去一个游泳训练营，每次去的时候你都直喊累，好像我们把你送到集中营去了。有几次还偷偷翘课，然后被我臭骂，记得吗？”

“我知道，那时候非常辛苦。可那个夏天后，你是不是进步特别快，还进了学校的游泳队？然后就有机会跟学校的教练学更多，也因此游得越来越快了，现在你 50 米自由泳成绩 30 秒。三年前你想过会这样吗？那时候还 50 多秒呢。你现在那么喜欢游泳，而且，这也是让你很骄傲的一个能力。所以你看，你不是不懂得努力，你看得到努力能带给你什么。只要努力，你也会做得很好，无论是数学还是中文，也许你会像喜欢游泳一样喜欢上它。”

讲这种被教导者自己的成功故事有一个好处，那就是赋能。听的人听到的是自己成功的故事，就好像再一次重温胜利的喜悦，所以会有种被赋能的感觉。一旦他们有了能量，自然就有信心和动力去解决他们的问题。

隐喻故事，是一扇转化之门

所谓隐喻，就是用某一经验领域里的表达方式来表述另一经验领域里的事情。我们常常用隐喻来思考和阐释自己的感受。比如说某人跟猴一样精，人和猴本来是两种不同的物种，但是这种描述借用二者相同之处来表述同一个概念。

隐喻故事，其实就是将故事作为载体，把你想要表达的观点和态度，以一个对方比较容易接受的方式呈现出来。隐喻故事会有组织地打乱我们对事物的基本认知，把抽象和具体，生理和心理，相同和不同的 A 事物和 B 事物重新组合。这两件事可能本来根本不相关，但通过描述情景 A，我们让听众领悟出情景 B 中的道理。这样就可以避免直接说教而且把一个概念形象化，使对方更容易记住，并让它继续在脑子里酝酿。

分享一个我们的案例。我们公司的业务重点一直是帮助职场人提升软技能和自我认知水平，青少年演讲培训本来只是为了在暑假丰富我儿子和他同学课余生活而开设的“副业”。因为家长反馈还不错，我们也觉得这个市场有前途，所以就开了个周末班有一搭没一搭地做着。

为了给周末班凑个人数，那天晚上我跟我 14 岁的儿子说：“你去上课，这个班便凑齐学员了，就差你一个了。”我儿子看着我，平静地说：“妈妈，你看哪家电影院是靠卖爆米花发大财的呀？你就是开电影院的，做成人培训就是你的电影，你想赚钱的话，把你的电影放好了就行了，不要老惦记着靠卖又贵又不好吃的爆米花赚钱。”

他这么一说，我就懂了，人家是想说：“老妈，与其逼我上演讲课，还不如赶紧回去好好写你的故事课。”

唉！我本来是想怂恿他去上课外班的，结果反被他教育了一番，真受打击！不过我心中窃喜，不愧是我儿子！才 14 岁，你瞅瞅这隐喻故事讲得多贴切！

隐喻故事的秘诀在于故事的结构要和听众当下的问题在结构上对等，这样才能够形成一个“先跟后带”的效果。“跟”是指故事中的角色和听众目前遇到的情景有“象征性”的联结，故事“跟”得上听众当下的心理状态。“带”是指讲述人在故事中暗示一种方法或技巧可以让对方在故事情景中找到相应的资源，并得到一个可以改变现状的方法，“带领”其走出困境。比如我儿子讲的电影院和培训公司是有高度相关性的，前者有观众，后者有学员。大家都是冲着优质的内容来的。卖爆米花是电影院的副业，而做青少年演讲是我的副业。因此，我儿子暗指的解决冲突的方式就是把自己的主业搞好。

隐喻故事是激发和打开听众认知之门的一个重要的转化性工具。所以隐喻是最高级的表达方式。能够熟练运用隐喻的人，都是有影响力的讲故事的高手。隐喻故事也可以运用在教练技术和心理治疗领域。我的教练启蒙老师玛丽莲 · 阿特金森博士就以擅长讲隐喻故事闻名，她曾经说过："隐喻，是一扇转化之门。"

寓言故事带来的顿悟

《圣经》与佛经中经常讲寓言故事。它们不需要严谨的架构，故事情节也很简单，但它们通常带着一个意想不到的曲折，能让听众领悟出一个"啊哈"的道理。

《圣经》里有一个故事。耶稣跟徒弟坐在教堂里，看着大家一个一个进来捐款。好几个大富翁大大方方地抛进去一把一把的金子银子。最后走进来的是个贫穷的寡妇，可怜兮兮地投入两个最小的铜币，就只有几分钱。耶稣说，这个寡妇才是在表现真爱。这些富翁只是从他们的大笔财富中给了一点皮毛，而这个寡妇在自己贫困的境地中，献出了所有。Hubert 把这个故事讲给儿子，想让他明白，即使他是一个普通人，可只要完全努力付出了，就是最可贵的！

寓言故事第一次讲冲击力最大，因为这个转折有新鲜感。然而听过一次后，如果你再跟他没完没了地讲，就变成唠叨说教了。所以切记，如果你要用寓言故事，就别用那些老掉牙的。

你可能会说，那如果就碰到特别倔的人，什么都听不进去，就是没法教，怎么办呢？我用个故事来回答你的问题：

> 有个农夫在田里播种。有些种子落在路上，马上被鸟叼走了。有些种子落在很浅的土壤上，根长得不深，虽然很快就冒出了小苗，但太阳一晒就死了。还有些种子落在刺藤丛里，虽然长出来了但很快就死了。只有那些落在肥沃土壤里的种子，才会真的长成庄稼。

你看，有些人的心就像石头一样硬，就是听不进去你的话，反而会把你的话视为垃圾。有些人听的时候只是心血来潮，但没有真正的动力，所以一旦遇上困难就放弃了。也有些人脑子里乱七八糟的事情特多，不专心领会你所说的，还没有开始实践，就忙着去做别的事情了。所以，不要要求所有人都能听进去你的故事。如果他有心，就让他听，他就真正会有改变。

这其实也是《圣经》里的一个有名的寓言故事：农夫和种子。这个故事本身没有意义，我需要前前后后加一些语境，你才知道我想要表达的是什么。同样的故事，语境不一样，意义就不一样。

小结

当你需要教别人一个道理的时候，无论是做父母教孩子，还是做老师教学员，还是做老板教员工，都需要讲一些教导的故事。可是教导的故事讲不好就变成了说教。因为有时候人们做得不好，并不是因为他们没有能力，而是因为没有动力。如果是能力问题，给他提供相应的信息就可以帮到他，而如果是动力问题，就要讲故事了。在讲教导故事的时候，你要尽量讲自己的失败故事，或者对方的成功故事。

隐喻故事和寓言故事讲好了，也可以起到很棒的教导作用，但你可能会有个疑问：去哪里找这些隐喻故事呢？我的经验是：故事其实就是人生的一种隐喻。用心观察，阅读，积累，看见什么有意思的事件或现象就思考分析：这和我自己生活中的什么事情比较接近？别忘了，故事是有目的性的，你要先知道你想要达成什么目的，才能把生活中发生的事情和你的目的连接上。

小练习

发一个微信朋友圈，让大家用一个动物（不限于十二生肖）来形容你，请问那会是什么？为什么是那个动物？通过这个小小的游戏，你可以发现自己在别人心目中的个人品牌是什么样的。这个动物就是一个“隐喻”！

第 17 章

创业的故事怎么讲，才能让投资者掏钱

有目的地讲故事不仅仅适用于演艺行当，它本身就是一个好行当！

——彼得·古贝尔

我曾经参加过很多路演，见过很多创业者慷慨激昂地讲了半天，结果演讲时间结束，PPT 才讲了一半，关键的信息全没讲。有的创业者，故事倒是讲得挺好，但是投资人只要一问到商业模式和数字，马上就支支吾吾。另一些创业者正好相反，你问他数据，他跟计算机一样能把数据给你说得清清楚楚，但投资人问他为什么要做这家公司时，他却讲不出个所以然。

虽然不是所有的创业公司都有投融资的需求，但是你的客户把钱花在你的公司，你的员工把时间用在公司上，他们难道不算是你的投资人吗？你同样需要影响他们，让他们觉得你的公司值得他们的金钱和时间投资。

然而，为什么很多创业者达不到这个要求呢？投资人需要听什么信息才会觉得你的公司值得投资？他们担心什么？有什么期待？为什么在“数据”之上还需要讲故事？需要讲什么故事呢？

搞清这些问题就需要知道，普通客户和消费者，投资人和员工，他们的关注点有什么不同。普通客户和消费者仅仅关注当下，只要这个产品当下能满足其需要就可以了。除非是办了健身年卡，担心健身房倒闭跑路，否则消费者不会关心那个公司有没有发展。而投资人和员工就不一样了，他们看重的除了公司实力，更是公司的潜力，也就是公司未来的发展。

红杉资本的创始人沈南鹏，因为独具慧眼投资了很多后来成为独角兽的企业，被奉为有着“点石成金”的本领。他曾经说过：“一个项目是否值得投资，我有三个判断标准：创始团队是否优秀，产品市场空间是否足够大，公司未来的商业模式是否有吸引力。这个标准10多年来没什么变化。”

仔细想想看，要想讲明白这三个标准，是不是哪个都离不开故事？“团队是否优秀”是主观的判断，“产品市场空间”和“未来商业模式”则是基于事实和数据的想象。沈南鹏把投资描述为一种“艺术”，他说：“投资在早期更多的是一种艺术，不是数据，不是科学，是对这个行业的想象力。”比如像外卖、团购刚起来的时候，我们是无法量化市场规模的。

因此，作为创业者，除了能够通过数据和逻辑让投资人了解你的商业模式和未来的增长点，还应该把以下几类故事揣在兜儿里，随时能够把它们拿出来讲给潜在投资人、客户和员工。

- 起源故事——是什么触动了你去创业？你的动力是什么？你有相应的能力吗？
- 使命故事——公司的使命是什么？换句话说，你因为谁需要你而存在？

- 产品故事——公司的产品或服务通过什么样的商业模式帮助什么人？

起源的故事——证明自己的动力、能力和承诺的故事

我认识的一位资深投资人曾经跟我说过，他只投认识的人的项目。为什么呢？很简单，公司创始人是投资者最大的风险之一。如果你是已经成功创业过好几次的雷军、马云，那什么都好说，你都不用找投资人，对方就会来找你。但如果你是名不见经传的草根创业者，没人会轻易相信你画的大饼。很多投资人自己之前都是创业者，他们比谁都清楚，大饼只是基于完美的假设，现实比这个残酷得多。所以投资人投的从来都不是公司，而是人。既然如此，人们很难用简单的事实来打动人心，而需要用故事赋予事实灵魂。

讲公司起源的故事，回答的其实是“你是谁”的问题。投资人投的不仅仅是你的产品和商业模式，他们投的更是你和你的团队。如果你没有办法让投资人相信你是一个靠得住的人，他们就无法相信你想要传递的其他信息。投资人在听你介绍自己的时候，其实是在寻找一种情感的联结。他们想听到的也许是一股冲劲儿，

也许是一种韧劲儿，但肯定不仅仅是数据和报表。所以，要让他们搞明白并相信“你是谁”，这是你向投资人传递信息的突破口，是影响，是撬动他们的关键点。

证明自己动力的故事

我的好朋友，公益组织 EGRC（乡村女学生教育基金会）的创始人田青青女士，经常在筹款的时候讲述自己为什么创办 EGRC：

> 2003 年，我 14 岁的女儿所在的温哥华儿童合唱团为联合国的国际儿童组织做筹款演出。一位联合国官员说筹到的钱款将会被非洲的两个国家用于支持女孩的教育。让女孩受教育这个概念深深触动了我。
>
> 我 20 世纪 50 年代出生于北京，曾就读于当时北京最好的女子学校。由于一些原因，我随母亲来到甘肃，在工厂做了 8 年的工人。在那里，我亲眼看到贫困地区的女孩被剥夺受教育的权力，我自己也没有机会完成学业。
>
> 后来我辗转到加拿大，开了一个画廊。我见证了儿女的成功。他们受到了良好的教育，有权利和机会去追求和实现自己的理想。两代人，过着完全不同的人生。我想到了当年在甘肃的生活，农村的女孩受歧视，没有机会接受教育，地位也一直比较低。
>
> 我深信一个女人受了教育，她的后代也会受教育。女人

受教育是改变贫困、建立和谐社会的基础。于是 2005 年，我揣着向画廊客人筹来的 300 加元来到甘肃，创办了 EGRC，希望能够让更多的女孩受到教育，获得尊重。

证明自己承诺的故事

创业这几年，我感觉创业真是一个非常磨人的活儿。每天各种各样的问题从东西南北各个方向向你撞过来，撞得你两眼冒金星，而你还得优雅地抬起头，面带笑容地对待客户，同时还要带着团队去解决这些问题。所以，光有激情和冲劲儿是不够的，还需要有韧劲儿。

财务报表看的是现在，而投资人更关心的是，后面无论企业遇到任何困难，你作为创始人是否能够坚持下去。换句话说，他们更关心你是否豁出去了，并百分之百地投入这家公司。

曾经在阿里巴巴上市宣传片中出现的创业茶商李晓军，讲过他创立天猫第一茶叶品牌艺福堂的故事：

我爷爷贩茶，我父亲也是茶商。当初，我从安徽科技学院中药学专业毕业后，跟父亲说我还想卖茶。家里一直不同意，好不容易考个大学，为什么不去找工作，考个公务员呢？我觉得茶为国饮，我不想让好茶成为只有少数人赏玩的高档消费品，希望它能走进寻常百姓家。我决心要创业。

> 2006 年，在网上卖茶在当时是个比较恰当的选择，首先在淘宝上卖东西是免费的，启动资金较少。当时在网上卖东西还不被大多数人看得上，因此淘宝上卖茶的人也不多，再加上创业资金有限，因此，我们就选择在淘宝上卖茶。那时我身上带了 1 200 元钱，用 900 元买了一个老式二手电脑，借了一根别人的网线，就开始了。

2008—2018 年的 10 年间，艺福堂从零做到年销售额 3 亿元，并在双十一期间创下单日总销售额 1 918 万元的新纪录。一个创始人，只有全身心投入，切断后路背水一战，才有可能成就好的企业。

证明自己能力的故事

如果创业仅仅需要激情就可以成功，那人人都能创业了。但事实并非如此，想要创业成功，除了激情，你还需要能力。如果你从来没做过老板，从来没创业过，即使有一个很好的产品，即使投资人被你的故事打动了，即使他们心里也想要帮你成功，但他们在做出最终决定之前也会深思熟虑，这些投资人都很精明，他们必须要看到更多的“证据”才能说服自己给你机会。因为创始人的基因决定了这家公司的基因，也决定了它未来的命运。

不同行业对创始人能力的要求不同，有的行业比如医疗行业，对创始人的专业背景要求很高，这样的背景，你有就是有，没有就是没有，这不是讲一两个故事就能讲出来的。不像是互联网行业，就算你之前没有相关的经验，如果找到好的商业模式和团队也能做。但无论哪个行业，有些通用的能力是必须的。正如沈南鹏所说，以下 4 种创业者，他不会投：

- 不会定战略的 CEO
- 不懂产品的 CEO
- 不会带团队的 CEO
- 不会算账的 CEO

因此，当你在讲证明自己能力的故事的时候，要想清楚哪些故事能够有力地证明你有以上能力。当然，这 4 种能力都完美具备的创始人并不多，没有一个人是全才，有的创始人是战略型的，有的是执行型的，好的创始团队肯定是互补的。所以在讲自己能力的故事时，你并不需要把自己描述成全才，而是要把自己最擅长的能力讲深，讲透，讲到让投资人“兴奋”起来。

有时候，这个“兴奋”点并不一定是技术驱动的，而是情感驱动的，因为投资人也是人。

我曾经参加过一个创业大会，其中有一家做无人智能零售的公司 YI Tunnel，他们的创始人一开始是这么介绍自己的公司的：

> 我们是非常低调的企业，在没有一个销售人员的情况下，

俘获了国内最知名企业的信赖。我们如何得到这些企业的信赖从而服务于它们的呢?

首先要做的事就是打通零售和技术，专心把科技和人工智能变为听得懂的话并且将其落地。

我们像是一个翻译官，我们用人工智能来实现语言场景，我们做的是有用的产品，我们实时解决一个又一个痛点，比如说我们做的无人店用了全球巨头亚马逊 8% 的成本。比如说我们的收银台从前靠人数菜，今天不用了，都刷脸结账，我们不搞噱头，我们 200 个清华“极客”做的事就是识别我们的人工智能能力，提高我们的能力，让顾客、消费者有更好的体验。

前两天有一个新零售企业估值几十亿元人民币。他们新上线的概念店采用了全新的设备，他们用了我们的视觉识别技术。他们觉得这里面有太多的考验，我们这个项目的经理每天在现场讨论，一个一个解决问题，每天工作到夜里两三点，最后客户工程师说项目经理比他老板还勤奋。另外还有一个客户，老板要做调整，我们的项目经理夜里出门工作，跑遍了所有在营业的 711。这样的例子有很多。

我们会给客户提供 7×24 小时的服务。美国食品和零售行业最大的企业知道我们的服务能力之后也选择了我们。

一家公司在短短两个月内就拿到了三轮融资，他们没有用任何炫酷的技术语言来显示自己有多牛、多专业，只是通过故事简单地阐述了三点：第一，我们的团队都是懂技术的大学霸；第二，我们曾经征服过很厉害的客户；第三，我们的客户服务意识非常强。

你看，“我很牛”“我很有能力”从来不是你说出来的，而是通过事实和故事讲出来的。

公司使命和愿景的故事——你为了什么而创业

不知道你有没有这样的朋友，你不过就随口问了一句你家娃最近怎么样啊？她就开始滔滔不绝地讲关于她家娃的各种琐事，甚至包括她家娃最近便便的形态和频次。唉！这就是当父母的啊！

作为一名创业者，自己的公司就像自己家孩子一样，所以很多人在讲起自己公司故事的时候，都容易陷入描述细节的误区，其实客户或者投资人根本不关心这些细节。

使命和愿景是一个“为什么”的问题。

当别人请你简单介绍一下你的公司时，他们问的不是一个“怎么”（how）或者“什么”（what）的问题，而是一个“为什么”（why）的问题。他们期待的是一个充满使命和愿景的故事，使命是：你为什么存在？愿景是：你要带着客户去哪儿？

创投综艺节目《合伙中国人》里有一个创业公司，是生产新型蒸烤一体烤箱的“小焙科技”。当时，下面的几位投资人吃了现场烤出来的东西都觉得口感非常好，于是几位投资人问了一些关于产品定位的问题。这位年轻的创始人每次的回答都是各种数字和产品细节，最后心直口快的投资人龙宇实在忍不住了，她说：“你快急死我了，我很想帮你去推广，去找 KOL（关键意见领袖）帮你背书，可是你就是不回答我的问题。”徐小平老师接话说：“这个问题背后的问题是，我想找到一个买它的理由。你说的大数据、摄像头等，都不是买它的理由，简单易用，改变中国人的烹饪习惯，才是买它的理由！”

《你的顾客需要一个好故事》这本书里有一个特别形象的比喻：你要把你的顾客想象成一个搭顺风车的陌生人，他一招手，你把车停在路边要载他一程，此时他心里最想知道的问题就是你这车要往哪儿开。可是如果他走过来时，你摇下车窗，跟他说你这车是怎么组装出来的，有什么功能，他根本就不会关心，他只想知道你是否能带他去他想要去的地方。最简单的回答就是告诉你的投资人，你所服务的客户有什么目标，有什么痛点，你的产品或服务如何帮他解决痛点达成目标。这就是你公司存在的价值。以下模型可以很清楚地表达出：我是（名字），（公司名字）的（头衔），我公司给（对象客户）生产及供给（产品或服务），帮他们（给予客户的价值）。

有一家公司叫作 Bantam Bagels，创立初期，创始人夫妇只是把它当成副业。面对投资人，他们这么介绍自己的产品："我们毕业于哥伦比亚大学，在纽约住了 10 多年，所以我们特别热爱纽约出名的百吉饼。但那是个超大、热量超高的面圈，每次我们想要吃都得把自己豁出去了才行。我们内心一直不停地在纠结：吃还是不吃呢？所以我们就"发明"了一个超小百吉饼！"

很简单的一个生意，但触及一个明显的消费者痛点，也能明显看出未来的可能性。一位投资人很快就投资了。4 年之后，星巴克开始在全美店面销售他们的产品。

产品的故事——你能满足用户的什么需求

巴菲特有一个最基本的投资概念："永远不要投你不懂的生意。"对投资者来讲，越大的投资就会越谨慎，如果他们听了几秒钟还不知道你的产品或者服务到底能做什么，就会格外警惕。如果听了几分钟之后还不明白，他们可能就放弃了，因为老实讲，他们的时间可能比钱还值钱。

很多科技类的创业项目，产品和服务都是偏科技创新的；虽然可能不是颠覆性的创新，但肯定也是有一些技术支持的创新成分在里面。这就使投资人或者客户与创始人形成了一个巨大的认知鸿沟，投资人不但对创始人不熟悉，对创始人讲的东西更不熟悉。然而这类公司的创始人通常是“理工男”“理工女”，对技术本身很狂热，所以一上来就会直奔技术细节，很快就会让听众迷失。

在刚才“小焙科技”的案例里面，徐小平老师在问到产品功能的时候很直接地问道：“你就告诉我，我怎么跟一个家庭主妇讲这个烤箱有什么实用的功能，别跟我说那些技术的东西。”是徐小平老师不相信科学吗？当然不是，他看似是在问“功能”，实际上他问的是“功效”，也就是这个烤箱能帮助家庭主妇解决什么问题。

要知道投资人是很现实的，他们不在乎你的技术有多领先，有多少专利，他们只想知道客户到底愿不愿意为你的技术埋单，有多少客户买了多少服务，他们到底会不会续单？你的产品或服务可以用最新的技术来实现，甚至新到投资人都没听说过，这没问题。但你要解决的消费者及客户的痛点或目标必须是投资人能听懂的，甚至他们一听就会禁不住感叹“是呀！怎么没有人早想到”。不然的话，如果他们没听过也没听懂，就会认为你没有抓到真实的市场需求，甚至会担心，这技术会不会太领先了，有市场吗？

我曾经看过一段关于沈南鹏的采访，在谈到红杉当初错过今日头条的A轮融资时，他说：

张一鸣带领他的团队和我的团队沟通时，我是听团队给我汇报的沟通情况，当时我没有在场，也许我在场就会好得多。基于团队的报告，投资人的理性告诉我，我无法对他们的所做的事情“量化”，用户规模、市场前景都无法用数字来衡量，在做了大量的市场调查之后，我们对今日头条这家当时看来的小公司说了 NO！就这样错过了今日头条的最佳投资时间！

据在场的几位投资人说，当时他们一直问张一鸣：“你这个和新浪、搜狐有什么区别呢？”张一鸣的回答是：“我做的这个更高科技。”的确，这种把新闻、图片、故事聚集在一起，根据用户的兴趣推送给用户的模式，在当时的确是一种新的商业模式。但是因为投资人没看懂，导致错过了这个机会，不过后来红杉在今日头条 B 轮和 C 轮融资的时候加入。沈南鹏后来也总结道：“有时候投资者太‘聪明’了，对数字的执着，对理性的追求也让我尝到了错失机会的滋味。”

可见，如果不能把产品讲清楚，最好的投资人也可能会判断失误。其实，在介绍产品的时候，最容易让别人听懂的故事逻辑就是“雪中送炭”的故事。从一开始就把“主人公（目标客户）”和他们的“目标或痛点”讲出来，然后把“产品如何能够雪中送炭”这个逻辑点出来，让投资人一下子就能理解。因为对他们来讲，一个值得投资的项目最根本的评估标准就是有没有解决一群人的痛点。这个故事如果能在开头就讲出来，就能抓住他们的兴趣，使其继续听其他的细节。

一旦你讲了基本的雪中送炭的故事，清楚介绍了你的产品，投资人下一轮的提问或许就会针对公司运营，财务分析，以证明现在的状况和你的故事没有出入。在这一部分，你就需要有翔实的数据、财务报表，以及战略计划。

我的一位资深投资人朋友曾经跟我说过让他印象最深刻的一个产品故事。那家公司是做人脸识别的。创始人讲到自己公司产品的时候，没有用大量的技术术语而是给投资人看某直辖市公安系统为他们颁发的一面锦旗。这家公司的人脸识别可以和警务系统连接，结果试点上线的第一周，就帮警察抓到了一个逃跑 11 年的逃犯，而且就在市中心。没有这样的系统，单单通过警察人工排查，抓逃犯根本就是大海捞针，况且这么大规模的人工排查也不现实。而如今通过将人脸识别系统和警务的数据库对接，就可以轻松实现。现在这家被投企业已经成为人脸识别领域数一数二的独角兽。投资人也获得了丰厚的回报。

这家公司的创始人虽然也是搞技术出身，但他没有用高深的技术术语来谈他的产品，而是拿着锦旗这种看上去土气的东西来说明问题，反而取得了成效。所以，我经常会跟做技术出身的创始人说："你们什么语言都精通，就是不了解听众的语言啊！"在与投资人沟通的时候，无论你讲不讲故事，最重要的是要调整你的语言体系。你说“好好学习，天天向上”，他们可能不明白，但你说“提高认知”，他们就明白了。投资人自有他们的一套语言体系，他们也跟风，今天是 O2O（线上到线下），明天是共享经济。当你把你的商业逻辑用他们能听懂的语言体系表达出来时，就会更方便他们理解。

而且，现实生活中，投资人有大段整块时间听创始人讲完整故事的机会并不多。创投圈并不大，很多时候投资人之间彼此也会互相推荐项目。很可能对于一个项目，A 投资人不感兴趣，他会推荐给 B 投资人，但是如果你的项目描述太复杂，复杂到连学舌都很难，那就大大削弱了项目的传播性。

最后我需要强调：我们鼓励创业者讲故事，前提是你有故事可讲，而不是要你为了迎合投资人而编造故事。我的一个投资人朋友就曾经见过这样的创业者，路演的时候很高调地宣称很多风险投资追着要投他，等投资人去了公司却发现团队士气低下，整个公司的场域看起来就不对劲。这位投资人不由得感叹道，看来创始人花了太多的时间在外面讲故事了。

小结

作为一个创业者，讲故事是一项必备技能。一个好的创业故事能够让员工生出信任，与之相连，让员工知道自己工作不仅是为了朝九晚五挣那点儿工资，而是有更高更远的使命；能让投资人知道这个创始人是为什么创立这家公司的，他的能力和心力是不是足够让这家公司长久赢利，是不是值得投资人投资；还能让用户清晰地了解你的产品到底能够帮助他们解决什么样的问题，获得什么样的好处。

更重要的是，在你一遍遍讲述你的创业故事的时候，这也会不断提醒自己，你创立这家公司曾带着怎样的初心，这也会帮助你不断验证：现在在走的路，到底是不是你梦寐以求的通往理想的光明大道。

小练习

如果你拥有无限资源，可以做任何一个创业项目，你最想解决什么人的什么痛点？为什么？请把这个故事讲给你身边的人，看他们是否被你打动？

第 18 章

如何让故事更精彩

绘画是一个盲人的职业。他画的并不是他看到的，而是他感受到的，是他告诉自己看到了什么。

——毕加索

十几年前，我和Hubert在美国工商管理硕士毕业并且在芝加哥工作了几年，有了一点点积蓄，就打算买房子，那是我们人生中第一次买房子。当时我们每个周末都跟着中介四处看房，看到后来我都看上瘾了。为什么呢？因为我每次一进去都发现房主把房子布置得特别美，一进门，脚下是毛茸茸的脚垫，餐桌上摆着鲜花，放着音乐，点着香薰蜡烛。有的房主已经搬走了，还特意租了精美的家具和装饰摆在屋里。

我就问中介："他们为什么这么折腾啊！多麻烦！"中介说了这样一句话，他说："你要知道，人们买的不是房子，人们买的是家。家就应该要有家的感觉，所以你看到的这些鲜花啊，音乐啊，就是为了营造家的感觉。"后来，我们从美国搬回北京的时候，就把我们的房子卖了，卖的时候也是这样全套的摆设。买家是一对年轻的印度夫妇，妻子对我说，她特别喜欢我的窗帘，它让人特别有家的感觉。我当时心中窃喜，其实那窗帘不过是我在北京某个建材城买的便宜货，也就几百元，却让房子卖了个好价钱。想不到这些小小的细节，竟然帮我多赚了好几万美元。

故事的魔力在于创造想象，有画面感才有想象

想想看，房子和家的区别是什么？房子是个冷冰冰的东西，没有故事，而家是有温度的。当买房的人看到鲜花，听到音乐，闻到厨房里巧克力饼干的味道时，他就能想象出妈妈在厨房，爸爸和孩子在外面看电视，一家人其乐融融的画面。正是这种对家的向往，刺激他做出买房的决定，当然了，炒房的人除外。

房子是事实，家是想象。故事之所以比事实更有魅力，其中一个最主要的原因就是故事能够创造想象，这一点是事实永远无法超越的。那么想象从哪儿来呢？就是从画面感中来的。很多人可能都听说过一图胜千言的说法，故事讲好了就相当于给听众呈现了成百上千张图。

为什么要有画面感？研究人员发现：如果你仅仅是听到了某个信息，你只能记起差不多 10% 的内容，而如果你不仅听，还看到了一张图片，就有可能记住 65% 的内容。想想我们小的时候为什么要看图识字，那就是这个道理。

要知道人的大脑实际上是由三个功能各不相同的部分组成的，这包括掌管生理功能的“本能脑”，控制情绪的“情感脑”，用来思考的“理性脑”，画面感直接影响的就是情感脑。

情感脑只对信息有两种基本认知：喜欢或者不喜欢。所以当我们听到一个故事的时候会产生两类情绪：喜欢并接受，不喜欢并排斥。

因此，讲故事的人就是要让你的故事激发听众的想象，让他在脑海中呈现你的故事画面。这将很大程度地决定别人在听你的故事时，是被深深吸引，还是无聊到走神。

那怎么才能创造出画面感呢？接下来给大家分享一些我从我的导师克雷格 · 巴伦蒂内那里学来的小秘诀！

感官描述——VAKS

这四个字母分别代表一个英文单词，V 代表视觉（visual），A 代表听觉（audio），K 代表动感触觉（kinesthetic），S 代表嗅觉（smell）。回到刚才卖房子的例子，桌上摆的鲜花，是一个视觉上的细节；背景音乐，是听觉的细节；脚下毛茸茸的地毯是触觉；香薰蜡烛、巧克力饼干是嗅觉。房主通过为看房的人增加多方位的刺激来营造家的感觉。同理，如果你能在故事中加上合适的细节，就能刺激到听众的这几个感官，让他们在脑海中产生画面感。

我们高管演讲训练营每次都会资助一家公益组织的负责人，因为作为非营利性组织，人家卖的是产品，他们卖的是梦想和理念，因此他们就更应该学会讲故事，讲好自己的故事。有一次，我们资助了银杏基金会的负责人林红，她之前在微软工作了很多年，然后辞职做公益。在给我们讲起她参与汶川地震灾后重建的故事时，她是这么描述的：

> 我第一次去成都，是汶川地震两周年时，追踪灾后重建项目。站在巨大的扭曲的建筑前面，站在被泥石流填平的山谷面前，站在湍急的河流岸边，站在临时的安置区里，我久久地，久久地沉默。
>
> 人是多么渺小，我又能做什么呢？打破这种沉默的，是安置房的窗台上一枝怒放的粉色芍药，是临时安置区旁边的废墟上一小块一小块一米见方的冒了新绿的菜地，是远处传来的一阵阵的打麻将的笑声。我第一次感到，自己站在一个时空的交叉点上，无论是回望还是前瞻，都深邃空旷，望不到边际。

怎么样，是不是觉得你和她站在一起了？那种画面感油然而生，悲壮但不悲情，因为粉色的芍药、新绿的菜地和打麻将的笑声让我们看到了希望，虽然很小，但是它真实地存在。当时她讲的时候，我们听的人都一身的鸡皮疙瘩，我都完全忘了还要点评。

关键细节的描述

细节在讲故事的时候尤为重要。大脑成像技术的研究表明，当我们听到生动细节的时候，大脑的相应区域会受到刺激，同时，大脑会对我们接收到的画面、声音、味道和动作进行生动的心理模拟，也就是俗称的“脑补”。这个“脑补”的过程，其实就是听众的自我带入以及和讲故事的人产生共鸣的过程。

为了避免过于啰唆，好故事里的细节描述最好集中在三个关键类别：

（1）关键人物

人物是故事中关键的一个环节。当你看完一部电影，场景甚至情节都记不清了，但通常对故事中的人物印象深刻。然而很多人在讲故事的时候，对人物的描述好像还停留在小学生写作文的水平，顶多形容一下这个人的外貌，却完全没有提及这个人的个性、语言、心理活动，因此要么太过于平淡，要么就是过度使用套路，一点特色都没有。

怎么描述出有画面感的人物呢？

我们讲故事训练营的一个学员对他的老板有过一段十分经典，让我一直记忆犹新的描述：

> 他每天 9 点前到公司，总是穿着黑色或灰色的西服，脸上从来没有笑容，板着脸，像是谁都欠他八百块钱。每次别人跟他汇报工作，他总是两手往胸前一抱，蹙着眉头看着对方，整得人心里发毛。所以每当他跟我说，来我办公室一趟，我心里都七上八下的，手都不知道该往哪儿放了。

你看，这么一描述，是不是一个严厉又刻板的老板的样子就浮现在你眼前了？一个人的外貌、行为方式，都能把这个人物形象地勾勒出来。而且听众也能从你的描述中感受到你对老板的偏见和不喜欢。

有了这样的描述，就会让人更理解老板和这个学员之间的差异。有了这样的描述做前提，他后来再讲到他们之间因难以沟通导致的各种冲突，以及后来如何相互了解、和解的一系列过程，故事就变得更有张力了。

除此之外，细节对于共鸣来说也很重要。因为听的人不仅仅是在大块的信息中找共鸣，还在具体的细节中找到自己的影子。当我说跟老公吵架，他总是黑着脸一言不发的时候，很多有这样老公的人都会和我产生共鸣。

（2）关键动作

要知道人类的大脑是个懒家伙，你不刺激它，它就像乌龟一样缩回自己的壳里休眠了。听众对于静态人物的兴趣远远小于动态人物。因此当故事里的人物进入关键时刻，开始关键行动时，千万别在这个环节平淡下来。回想一下，你看过的电影中，是不是每一次当高手要放大招时，导演不是使用长焦镜头就是慢动作。因为在关键时刻，关键动作就确定了整个场景的基调。

然而很多人在讲故事时有一个不好的习惯，就是只对听众说，我告诉你，现在要进入重点了！却没有用语言（包括肢体语言）呈现出这个关键时刻。其实这时候你就不仅是在“讲”故事了，你要通过细节描述“呈现”那个时刻，让听众自己看得见，感受得到——到底发生什么了？

假设你今天上班，看见老板一开门，黑着脸走进来。他深深叹了口气，一屁股坐进椅子里，摆摆手说："今天不开会了，大家先出去吧。"

这时候，你可能就会猜老板刚经历了什么，也许是被他老板骂了？也许是和老婆吵架了？如果你是情商高的，这时候说不定还会给老板端杯水。

那咱们再看另一种情况，老板一开门，黑着脸走进来。他把公文包往桌上一摔，转身说："今天不开会了，大家先出去吧！"这时候的老板更像是有什么人惹到他了，不是哪个客户就是哪个下属。这时候，最好就是三十六计走为上，有什么事等他气消了再说。

所以，同样一个场景，不同的关键动作导致听众对你故事的理解完全不同。生动而准确的动作描述，会让人在脑海中浮现出当时的情景，并且让故事的表达更精准也更有韵律感。

（3）关键场景

想想看，电影里，每当剧情发展到重要关头，是不是从音乐到动作都会紧张起来，调动你的情绪和状态进入关键场景？当你讲故事的时候，也是同样的道理。我们公众号上有一篇教练投稿的文章，讲的是她作为三个孩子的妈妈总是在家庭琐事中对孩子失去耐心，发火之后又焦虑后悔，后来因为学习教练而慢慢找到内心的平衡和定力的故事。

其中有一段场景是这么说的：

> 我原以为自己可以非常有耐心地对待孩子了。但有一天

> 早晨，老大托福考试马上要迟到了，我着急送他出门，老二在房间里大喊：“妈妈我的校服呢？”此时只有一岁，睁开眼睛就要妈妈的老三醒了，叽叽歪歪地哭着要我抱！哪一个都刻不容缓，恨不得能拔根汗毛一吹变成三个妈。情急之下，那个本应自己准备好校服的老二就又成了炮灰。

这个场景的描述，立刻让人眼前浮现出了家里几个孩子的声音此起彼伏，妈妈手忙脚乱的情景。而且也正是这样关键场景的描述，让大家更能理解作为三个孩子妈妈的不容易，也更凸显了她后来的转变和教练带给她的正向意义。

很多学员都会问，一个故事里如果有很多细节描述，那不会变得很啰唆吗？的确，我们需要掌握故事的长度。讲得太粗略，无法让听众感同身受，但讲得太细，又会显得太拖沓，让听众失去兴趣。

要想把故事讲得既精彩又精简，就要回到我们的黄金原则：故事中任何一个元素——包括细节，无论讲得多好，如果不能帮助听众体会到故事的中心思想，也就是你想通过故事来传递的信息，那就都是多余的。凭这个标准，你就可以判断出，在故事中哪些细节是必要的，哪些不过就是你说了开心。

所以，学会讲故事，不单单提高了沟通的能力，更是锻造故事思维能力，提高思考、选择和判断能力的过程。这和我们在生活中需要去思考——做什么是对实现自己人生目标真正有帮助的，买什么东西是对提高自己生活质量真正有用的，然后拿出“断舍离”的精神对其他的杂事、杂物说“不”，是一样的道理。

加入对话，让你的故事活起来且自带“性格”

在故事的 6 大要素中，“对话”是我们平时讲故事的时候最容易忽略的，但它通常决定一个故事是否走心。

你当然可以讲一个完全没有对话的故事，但那可能就会是一个特别无趣的故事。你可能会说，有时候我讲的故事就是没有其他人在里面啊，哪儿来的对话呢？相信我，所有的场景都可以有对话，谁说自言自语不算是对话呢？

为什么对话这么重要

很多时候，我们习惯用叙述来表达我们的想法。然而，如果能够用对话代替叙述，很多场景就会有很大的不同。就像《红楼梦》里，宝玉黛玉初见的桥段就是这样的：

> 黛玉一见，便吃一大惊，心下想道：“好生奇怪，倒像在那里见过一般，何等眼熟到如此！”
>
> ……

宝玉看罢，因笑道："这个妹妹我曾见过的。"

贾母笑道："可又是胡说，你又何曾见过她？"

宝玉笑道："虽然未曾见过她，然我看着面善，心里就算是旧相识，今日只作远别重逢，亦未为不可。"

宝玉便走近黛玉身边坐下，又细细打量一番，因问："妹妹可曾读书？"

……

又问黛玉："可也有玉没有？"

众人不解其语，黛玉便忖度着因他有玉，故问我有也无，因答道："我没有那个。想来那玉是一件罕物，岂能人人有的。"

宝玉听了，登时发作起痴狂病来，摘下那玉，就狠命摔去，骂道："什么罕物，连人之高低不择，还说'通灵'不'通灵'呢！我也不要这劳什子了！"

你看，这你来我往的对话之间，宝玉的乖张率性，宝玉黛玉之间的心有灵犀，就这么活脱脱地展现出来了。这也因此成了《红楼梦》的一大经典桥段。如果把它改成："宝玉黛玉一见如故，心有灵犀。"那估计一半的读者都不想读了。

看出来了吗？用对话代替叙述就能让你的故事更有活力。为什么呢？

1. 画面感。跟之前讲过的 VAKS 对细节的刻画是一个道理，对话会让你的故事更有画面感。当你能把你的听众带入你的故事情节，让他产生画面感，甚至在心里想着同一个画面时，你们怎么可能没有共鸣呢？

2. 真实性。有的时候，你听到有人在讲一个比较奇葩的事，你心里一定会想，瞎编的吧？可一旦他的故事里有了对话，便立刻让人觉得，也许还真不是编的？要知道听众宁愿相信你讲的是一个真实的故事，他们正是通过细节来分辨事实和虚构的。

3. 加快节奏。汤姆 · 汉克斯曾经演过一个电影《荒岛余生》，这个电影里 80% 的情节就只有他自己一个人，他因为飞机坠毁而困在一个小岛上。虽然他的演技不俗，故事也有曲折，但整体节奏还是会让人觉得很慢。所以导演设计了一个陪伴着他的拟人角色——岛上的一个“威尔逊”牌子的旧排球，他就索性管它叫“威尔逊”了，还给这个排球涂了一个人脸，偶尔还会跟它“沟通”。每次一旦俩“人”开始对话，故事就加速了，也动起来了，尤其是两个“人”在吵架争论的时候。其实，对话和吵架反映的都是主人公的内心活动和挣扎。

4. 更容易表达人物的情感。少了对话，故事不仅仅失去了节奏感，也很难表达人物的感受。你可以说两个人开会的时候都缺乏耐心，但那是什么程度的不耐心？是略显烦躁，还是互相拍桌子的暴怒？这种情感上的细微差异很多时候是可以通过对话表达出来的。对话可以演出来一段故事，而不是把故事描述出来。

5. 从对话了解人物。一个人用什么词，用什么语调说话，能马上让听众感觉到他是什么人。比如都是去参加聚会，像 Hubert 这种友好但低调的人看见朋友就会说：“哥们儿，最近怎么样？”而我这样张扬的人（其实我是低调地张扬），就会走过去拥抱对方，咋咋呼呼地说：“亲爱的，好久都没看见你了！”说完还恨不得亲对方两口。

好钢用在刀刃上——对话只能用在关键时刻

一个好故事必定是个精简的故事，就连对话都要精简。所以不要从头到尾一直都在对话，这不但会让你的故事特别啰唆，而且很容易就让听众搞混谁是谁。对话最好用在关键时刻，而且不要让故事里的人物说任何废话。那什么是关键时刻呢？就是从冲突开始到故事的高潮。

当然这并不是说其他环节你就完全不能加对话，对话的力量在于当故事从一个平淡的背景进入冲突时，它能够提高听众的情感联结。如果此时，你刚好从平淡的叙述进入精彩的对话，这种对比不是能更明显地突出情感吗？而如果你的故事从头到尾都是高潮，那就等于没有高潮，因为听众没有感受到变化和起伏。

导师和对手的话

如果你的故事非常简练，就只有时间加两句话，那就让你的对手说一句，再让你的导师，也就是那个帮你解决冲突的人物，说第二句话。在冲突里，让对手说话是为了让听众从中感受到你面对的冲突有多大。后面导师的话更关键。如果一个故事清晰有逻辑，那你想要表达的观点很多时候都是从那个导师嘴里讲出来的。

我们的另外一位导师，2001 年世界演讲冠军戴伦 · 勒克鲁瓦[①]当年的冠军演讲“Ouch”是这么在故事里引用他的“导师”的。当年，戴伦作为一个刚入门的脱口秀喜剧演员，他第一次登台演出的效果特别糟糕，回来以后他就很沮丧地打电话给他的导师里克。

> 戴伦说：“里克，我搞砸了。观众都恨透我了。”
>
> 里克说：“所以呢？”
>
> 戴伦有些生气：“你什么意思啊？什么叫‘所以呢’？”
>
> 里克不紧不慢地说：“任何一个喜剧演员，任何一个演讲者，任何一个获得一些成就的人，都有搞砸的时候。所以呢？有什么大不了？”

里克是这个故事里的导师，他最后说的那句话，就是这个故事的主要观点——成功靠坚持！靠不怕丢脸！靠始终不怕丢脸！

导师也不一定非是人

有时候，你的“导师”可能不是一个人物。如果你是从一本书、

① 戴伦 · 勒克鲁瓦（Darren LaCroix），2001 年世界演讲冠军，著名演讲教练，著有畅销书《如何从幽默中获利》（*Laugh & Get Rich: How to Profit from Humor in Any Business*）。——作者注

一部电影，或者是一个演讲中得到的启发，是不是也可以用对话表现呢？

克雷格·巴伦蒂内曾经讲过一个故事“被蛇咬”。故事说的是在上大学的时候，他的女朋友劈腿了，这让他非常生气，充满怨恨，一直都很不开心。直到有一天，他读到一本书，这本书就跟他说：“克雷格，从没有人是因为被蛇咬而死，血液里的毒素才是导致死亡的根本原因。你的怨恨就是毒素。你要解毒，就需要原谅她。”

同理，冲突里的对手也不一定非得是一个有血有肉的人物。比如某天，你算好了黄道吉日，准备向女朋友求婚。你们约好 7 点在她最喜欢的法国餐厅见面。6 点一下班，你揣着戒指向餐厅狂奔。然而，突然下起了大雨，路上堵得一塌糊涂，你根本打不到车。

这时候你会跟谁对话呢？我相信你肯定会向老天爷祈祷：“天哪，你就帮帮我吧！我打光棍 35 年了，就等着今天呢。”但是，雨不但没变小，而且还开始下冰雹了。好像老天爷在捉弄你：“反正你都等了 35 年了，也不差这一时半会儿。”扎心了吧？

最重要的对话是你和自己的内心对话

在故事或电影里，观众必须要看到主人公是怎么解决问题的：英雄是如何打败恶棍的。在这个过程中，如何能够让观众感受到主角内心的挣扎呢？最好的方式就是让主角跟自己对话，把思维和决策过程中的内心斗争暴露给观众。少了这个对话，就会感觉像是一个“奇迹”克服了冲突，不能使观众产生共鸣。

著名影星史泰龙在一次对话节目中讲到他当时把《洛基》的剧本卖给发行方的时候，是这样描述他的内心对话的：

> 最初，把《洛基》的方案拿给他们看的时候，他们很感兴趣，想买，可是不想让我演。我不能怪他们，那时候我没什么名气，好莱坞那么多有名的演员，他们为什么非得用我呢？
>
> 但我心里盘算着：“这么好的剧本，恐怕永远不会再有了。反正我一直都是穷光蛋，卖不出去也没什么。”
>
> 结果他们的出价涨了，15 万，17.5 万，一直到 25 万美元。
>
> 我开始有些头晕，后来又涨到 33 万，最后到了 36 万美元。我这辈子都没见过那么多钱啊！
>
> 我咬牙对自己说：“反正我知道怎么过穷日子，都可以总结成一门科学了，没那么多钱也可以活。我就是想做主角，我想成为自己电影里的主角。”

最后他成功说服了发行方，发行方同意让他演主角。史泰龙一举成名，拿下了奥斯卡最佳男主角。他成名前的纠结为他实现梦想添加了浓墨重彩的一笔。

善用金句，让你的故事有一个记忆点

很多年前，我陪公司总部来的全球政府事务部的高级副总裁去天津参加夏季达沃斯论坛。她要在论坛上做一个发言。我自认为我给她写的发言稿挺不错的，没想到她看了以后摇着头说：“It’s missing sound bite。”（它还缺少一些抓人的东西）这位副总裁之前是小布什政府里的一位部长级高官，是见过世面的人，而我那时候特别土，根本不知道这是什么意思，赶紧上网搜了一下。原来老板的意思是这个演讲稿缺少金句，就是那些朗朗上口，听完能让人记得住的句子。比如奥巴马在 2008 年竞选时说的“ Yes we can”（我们可以），罗振宇在 2019 年跨年演讲上说的“小趋势”。

故事中的金句不一定是华丽的辞藻，但一定是含义隽永、表达精妙的语句；也是你讲完这个故事之后，最希望听众记住的核心概念，你最希望传播出去的观点。尤其是在公众演讲当中，“金句”是你的故事能否被广泛传播的核心。在我的上一本书《职得》里就有一些金句让读者印象深刻，比如“生命是一场盛宴”“成为你故事里的英雄”。

如何才能写出让人记得住的金句，其实是一个关乎心理学和语言文学的大问题。

小结

之前我曾经说过，故事自带传播属性，一个好故事会“长腿”自己跑。可一个缺乏活力的故事就跑不动，跑不远。为了让你的故事能够活灵活现，“长腿”快跑，你需要学会运用以下小工具：

- 增加细节描述，让你的故事充满画面感。
- 加入对话，让你的故事活起来且自带“性格”。
- 总结金句，给你的故事插上传播的翅膀。

小练习

让你印象最深刻的一次旅行经历是什么？请用 VAKS 来描述一下那个场景。

第 19 章

好故事，三分讲，七分演

整个世界就是一个舞台，所有的男人和女人都只是演员，他们有自己的出场和退场。

——莎士比亚

大家一定都听过广播电台吧？对于一个好的演讲者，仅凭声音，你就能感受到他们内心的澎湃。既然我们是来学讲故事而不是写故事的，那除了故事内容要精彩，你还得把它讲得精彩。

无论是在饭桌上给朋友讲，还是在舞台上给下面的听众讲，想让人听得心动就必须要加上“演”的成分，这就是俗话说的“三分讲，七分演”。一份研究指出，想通过沟通让对方感到友善，只有 7% 靠语言，即你说了什么，38% 靠语音语调，剩下 55% 靠肢体语言及面部表情。这些“演”的方式加起来占沟通的 93%。照这个标准，都不光是七分演了。接下来我们就分别来看看怎么用声音和动作演好你的故事。

学会用你的声音来传递能量

我和 Hubert 在美国上工商管理硕士的时候有一节必修课是统

计学。在我看来，这门课本身就够无聊了，教授是个中东人，口音也让人听不太懂，讲课时的语音语调还特别平淡，再加上教室的灯光一暗，我的眼皮立刻开始难舍难分。所以我们俩经常趁这会儿时间在下面谈情说爱，难舍难分。

为什么语音语调这么重要呢？因为声音本身是一种能量，我们通过语音语调的起伏变化，也就是能量的变化来传递情绪。但这并不是说你讲得大声就好，如果你从头到尾都用高昂的声调讲你的故事，那你跟传销的也差不多了。

我学习教练的启蒙老师，玛丽莲·阿特金森博士是一位 70 多岁的加拿大老太太，我们都亲切地叫她玛老太太。每次上她的课的时候，大家都盼着她给我们讲故事。有很多次我急着想要去上厕所，但就为了听她的故事一直憋着。她讲故事的时候，讲到关键时刻总是把声音压低，我们就更伸长了脖子去听。每次故事结束了，我们还深深地沉浸在故事里，好像被催眠了一样。后来我才知道，玛老太太师从现代催眠之父米尔顿·艾瑞克森先生。作为心理治疗师，艾瑞克森先生在治疗患者的时候总会用一些巧妙的手段，比如，他经常把最关键的信息留到窗外大卡车开过的时候说。因为他深谙，越是得不到的东西，人就越想得到，越是听不到的，人就越想听到。所以，当他的话被卡车开过的声音盖过时，本来不怎么配合的患者也会伸长了脖子去仔细听。

除了在关键的时候压低声音，在讲故事过程中想要听众注意力高度集中，还有非常有效的一招——留白。就是索性什么都不说，沉默本身就是一种力量。它可以用来制造悬念，烘托气氛，达到你想要的效果。

很多演讲小白都不知道，自己留给听众的停顿时间其实并不充分。当演讲者站在台上时，由于紧张，多巴胺急速分泌，心跳加快，所以他们对于时间的感知和台下的听众是完全不同的。对演讲初学者来说，他们总会觉得停顿的空白时间很恐怖，感觉自己在台上晾着特别尴尬。因此，他们总是保持说的状态，不让自己停下来。殊不知，这只会让听众的理解力成指数级下降，到最后丧失了听的兴趣。

“沉浸式讲述”让情绪自然流露

我在头马国际演讲俱乐部（一家锻炼演讲和领导力的国际公益组织）待了很多年。它算是我做公众演讲，甚至是我的故事力的发祥地。有一次参加俱乐部活动时我迟到了，一进去就看见一个同学在舞台中央手舞足蹈，上蹿下跳，我差点儿以为我走错地方，走进了一场萨满法事现场。当然，这也不能完全怪她，那天训练的主题是“如何运用肢体语言”。

很多人一旦被告知肢体语言的重要性，就突然开始在讲故事的时候变得非常夸张，以为动作越多、越大就越好。然而，刻意的表演不但不能让你的演讲更加精彩，反而会分散听众的注意力。

那怎么才能自然又丰富地“演”出来呢，其实很简单，当你讲的时候，让自己重新置身于当时的情绪和体验中，就能调动起当时的情绪和感受，只有先让自己身临其境，才能让别人身临其境，只有让自己先体会到情绪，才能让别人体会到情绪。所以好演员演戏之前都是要酝酿感情的，就是为了入戏，不称职的演员就只能靠点眼药水了。同理，你在讲故事的时候也要用一种“沉浸式的讲述方式”，而不是靠夸张的肢体语言为自己“点眼药水”。

本书第 12 章有个开篇故事，讲的是我以前新加坡的下属，本是我最得力的左膀右臂，却因为缺乏工作汇报的能力而错失了一个升职机会。这个教导故事，我在给不同公司培训的时候讲了几十次，还没讲腻。因为我每次讲的时候，都会把自己放回当时我在那个酒店告诉这位下属“对不起，接班人不是你”的那个场景，想象我当时话说不出口的窘迫和对方假装轻松但内心痛苦的感觉。靠这样的原景重现，我每次讲都还感受深刻，甚至难过得想哭。

语言越简单，情绪越纯粹

写故事的时候，我们通常会加入华丽的辞藻来制造文学美感，激发读者的感受。然而，在讲故事的时候，越简单的表达越能传递你的情绪。想想三岁小孩跺着脚跟妈妈要糖吃的时候，一定会说："妈妈，我要，我要，我就要嘛！"一共没几个字，但你能充分体会到她的渴望。如果谁跟你说："我的脑海里已经充满了草莓酸甜的香味儿，你能不能给我一颗糖？"你一定想回应：能说人话吗？

所以，你要学会用简单的词汇把自己的情绪表达出来，这一点"钢铁侠"马斯克和苹果公司创始人乔布斯都是高手。马斯克在一次特斯拉电池的产品介绍会上就这么批判过传统电池：

> 现在的电池简直糟透了，它们真的很可怕，又贵又不可靠，不管在哪个方面，它们都又丑又坏，散发着恶臭，而且还很贵！

你看，这简直就是小学生的语言水平啊，可是你能充分感受到他对传统电池的深恶痛绝！所以在我看来，你并不需要学过表演，说过相声才知道怎么用语言表达出各种情绪，你只需要让情绪自然流露。然而这说起来容易，做起来难，因为我们长时间习惯于做一个"懂事"的人，将自己的情绪深埋在心里，不敢轻易表达出来。

如果回看2016年希拉里竞选期间所做的演讲，你会怎么评价她的风格？是不是看起来很专业，但不知道为什么就是觉得哪儿不对劲，比如手势和情绪对不上，有明显的设计感。可见她请了专业的演讲教练，但她只停留在表面的“招术”，并没有真正用“心”演讲，因为她本人就不是一个善于表达情绪的人，所以虽然看起来像是那么回事，但她完全无法让观众有代入感，反而还和观众产生了距离感。

用你的肢体语言帮助表达

克雷格·巴伦蒂内曾经说过：“人们可能根本记不住你都说了什么，但他们会记住你说话时候的样子。”

我一个朋友曾经给孩子报过一个儿童演讲培训班，老师总是在课上引导孩子做一些夸张的肢体语言。比如，说到满天繁星，就让孩子抬头用手指着天空。说到自己是一名解放军，就让孩子站直，敬个军礼。汇报演讲的时候，他邀请我们一起去。我在一旁看着，心里在想，这个肢体语言也太吓人了，生活中要都是这样那就是恐怖片了。所以这个朋友后来跟我们一起做了青少年演讲训练营，就是因为实在受不了这种假惺惺的表演。

不恰当的肢体语言会让你的可信度急剧下降。肢体语言是什么？现代心理学研究显示，我们的大脑里会有一些特殊的区域，以图像的形式存储一些具有复杂逻辑的内容。这就好像你们家的大衣柜，每个格子里面都存放着不同的东西。肢体语言的目的就是帮助你和你的听众更加形象准确地定位并找到这些格子里的东西。

具体该怎么应用呢？

用肢体语言表示逻辑关系

最常用的一种肢体语言，是用来表达逻辑关系的。比如，你的演讲有三部分内容，那么你可以在头脑中想象你面前有三个不同的格子，分别位于左、中、右。那么，当你在讲第一部分内容的时候，就可以很自然地用手指向你的右侧（观众的左侧），这样做相当于你给内容在空间上下了一个定义。你在讲第二部分内容时，就可以指向你正对的方向。最后，就可以指向你的左侧（观众的右侧）。这样，你其实是在观众脑海里建立起了一个你演讲的内容和空间位置的对应关系。这样一来，他们会更容易了解并记住你演讲中的逻辑关系。这里还有一个窍门，就是当你在最后做通篇总结时，或当你复述这三个分论点时，你还指着原来的三个位置。听众就会有一种，哦，原来是这里的感觉。

如果你的舞台足够大，你还可以通过身体位置的移动来表达你的三个论点。你可以让舞台的左侧、中间和右侧分别代表每个论点。你需要做的就是，站在舞台右侧位置上，表达你的第一个观点。再通过语言和身体移动过渡，走到你的下一个演讲点表达下一个观点，以此类推。

这里有一个关键的窍门，就是每说到一个观点，特别是当这个观点是你的“金句”或重点时，一定都要把目光锁定在一个观众身上，不要来回走动或左右乱看。目光锁定，能够起到提示的作用，好像你在告诉观众，我接下来讲的很重要，你们可要认真听了哦。

用肢体语言表示形状

当我们表达一个事物的外形和大小时，肢体语言能够带给观众更加直观的感受。比如，如果你经常听评书，就会知道，每当一个新的人物出场时，评书表演者都会进行这样的描述：只见这大汉，紫微微的脸庞，身高八尺挂零（并用一只手举过头顶，比画出八尺的高度）。这样，你对这个人物的形象一下子就有了概念。

Hubert 在美国上高中时，经常被一个叫维克托的黑人男孩欺负。每次他跟大家讲这个故事的时候都会说：“这个维克托比我高一头，还长了一脸胡子。”他一边说一边比画对方有多高多壮，我每次看现场都觉得维克托少说也有 180 斤。这么一描述，观众一下就知道，维克托一定不是好惹的。

用肢体语言表示位置

讲故事，三分讲，七分演。表演故事其实是一个场景重现的过程。因此，你演讲舞台上的每一个位置都是有代表意义的，都可以对应到你故事里的一个场景。比如，我们头马俱乐部的一位资深会员，有一次做了一个《集结号》的场景复原——老班长在牺牲战友的墓碑前哭诉。每次当她说到和墓碑里战友对话的场景时，她都会去舞台上的同一个地点，呆呆地看着那个空的地方，再说她的台词。我在下面坐着，感觉好像那里真的有墓碑一样，特别真实。

戴伦·勒克鲁瓦把这个演讲的特定位置叫“内心视像”，这就是场景定义。在你上场前，就要对你的舞台进行定义和设计。你的人物有多高，哪里有墓碑，哪里有台阶等，都已经在你的脑海里进行了还原。对演员来说，这是一个基本功，对演讲的人来说，这个技能可以通过不断练习后掌握，从而极大地提高演讲的真实感。

适当停顿，事半功倍

在讲故事的过程中，很多人还会犯一个错误——滔滔不绝。说话毫不停顿，讲起来就没完。然而，适当的停顿，能和听众互动，或者调整故事的节奏和方向很重要。在停顿的时候，通过观察观众的面部表情和肢体语言，你可以了解听众是否真正理解了自己之前讲的内容。

那么，什么是适当的停顿呢？

强调重点

在你要表达一个段落的重点时，可以通过一个停顿，让观众找到准备聆听的状态。比如，我 30 岁以前，始终都生活在极度贫困的状态中，不论我付出何种努力，都无法摆脱。最严重的时候，我兜里只有 10 块钱，每天只能吃一顿饭。直到有一天，我发现了这个致富的秘密——（停顿）—— 收入的金字塔法则。

抖包袱

当你的内容带着笑料时，你一般都需要借助停顿来抖出笑料，俗称抖包袱。比如，我的演讲导师就常常用这么一个包袱：“1995 年，当我在监狱里 ——（停顿）——参观时……”你会发现，停顿带来的前后对比通常都能让观众捧腹大笑。

对抖包袱来说，停顿其实就是在给观众时间，让他们在大脑里完成你的后半句话。比如，你在说“当我在监狱里”这前半句时，观众的脑海里会想，你犯了什么事儿被抓进去了？然后，你再说出“参观”这后半句时，观众就会因为自己的大脑被“愚弄”而产生幽默的感觉，这就是抖包袱的心理过程，幽默的本质是反转，观众本来脑子往左走，你说出来的却是往右的，这样的反转制造了笑点。因此，一定要用停顿留给观众足够的时间，让他们有时间往左走，否则他还没走呢，你先动了，就失去了效果。

那一个适当的停顿时间应该是多长呢？可以给大家一个简单的参考方法：适当的停顿时间，就是观众在大脑里对你提出的话题充分思考的时间。比如当你问观众：大家还记得自己第一次骑自行车的情景吗？此时，你就应该把自己的视角切换成观众，在自己脑海里勾勒出自己第一次骑车的情景。当你的画面在自己脑海里完成时，这个问题的适当停顿时间也就到了。我经常见到有人在演讲的时候，问听众一个问题，然后紧接着就开始说下面的话了。这让下面的听众感觉被耍了，你既然问了，就是让我在心里回答的，不然你为什么要问呢？

小结

无论是公众演讲还是日常给身边的人讲故事，其实都是沟通。评判沟通是否成功的，永远都不是讲的那个人，而是听的那个。所以，每一次你准备好要讲一个故事的时候，一定要先把自己放入观众的角色里去感受一遍：你的语音语调是否有感染力，你的肢体语言是否表达了你的情绪，你的包袱是否好笑，你的桥段是否感人……

如果你被自己打动了，那么你的故事就成功一半了。

小练习

寻找一家离你最近的头马俱乐部或其他演讲俱乐部，去试一试身手吧。

第 20 章

如何讲出故事人生

生活不是发现你自己，而是创造你自己。

——萧伯纳

我们学员最经常问的问题就是：“为什么我就是觉得自己没什么故事呢？到底要怎么挖掘自己的故事呢？我是不是就是一个没故事的人？”

其实生活中到处都有故事，只要你活着一天，就有的是故事，只不过我们的教育让我们作为人类自有的讲故事的能力慢慢弱化了。当我们步入职场时，我们慢慢接受以结果为导向的文化，以至更加忽略了故事力。因为故事记录的是过程，而不是结果。所以要找回我们的故事力，需要这样两个能力：一是在日常生活中搜集素材的能力，二是将搜集来的素材转化成故事的能力。

生活中既有柴米油盐酱醋茶这类琐碎的素材，也有诗和远方这类深奥的素材，有故事力的人能把琐碎的素材讲出高深的道理，没有故事力的人则会把深奥的素材讲得非常琐碎。

如何在平时搜集、积累故事素材

在日常生活中搜集故事素材与其说是一种能力，不如说是一种心态。关键看你是不是有这几个心：用心发现，诚心反思，全心感受，精心收集，热心分享。

用心发现

首先，我们应该用心去发现身边的美，不仅是为了讲故事，更是为了体验生命中的种种感动。如果你不知道怎么运用 VAKS，那可能是你每天下班时步子走得太快了，从来没有静下心来听听风吹在树叶上哗哗的声音，闻闻路边小店飘来的肉香，看看傍晚路灯下城市的五彩斑斓。

我走在路上时经常会观察匆匆走过的行人，想象他们急着奔向哪里，他们的生活中正在发生着什么样的故事？看到路边一对情侣吵架，我会脑补他们到底因为什么吵。在文学作品中，这不叫“八卦”，也不叫没事儿闲的，这叫“上帝视角”。我鼓励大家多用上帝视角看周边的世界和自己的世界，并用心体会点点滴滴生活中的五味杂陈，因为日子是需要我们用心体会的。

诚心反思

在做教练的时候，我能看出什么样的人比较容易改变，什么样的人比较缺乏悟性，难以改变。有悟性的人都有一个好的特质，那就是他们善于总结反思，因为成长就是在每一次反思中看到自己。所以，想要讲好故事就要养成经常反思的习惯。每当生活中发生了一件事情，它都给了你一个机会让你反思和总结。比如你和老板、同事、孩子发生了争执，事后你就可以问问自己："为什么发生这样的事？我当时为什么要那么做，说那句话，我这么做的背后动机到底是什么？"在事情刚发生时不去反思，那么你事后很快就忘了，日后想起来，当然觉得好像也没什么故事可讲。其实，每一个事情背后，无论大小，如果你深度挖掘，都能看出隐藏的冲突，都埋藏着一个或大或小的道理，这就是一个故事。

为什么要强调诚心呢？因为很多时候，我们会为自己找各种各样的借口，反正都是别人的不对，我没错！这样的反思是没有任何意义的，此时你也讲不出有深意的故事，只能是怨气冲天。只有坦诚地对待自己，才能透过事情和冲突本身，抽丝剥茧看到背后的意义，以及自己的收获。

全心感受

一个人的感受其实是非常复杂的，就像是灰色有很多灰度。所以我们才常说有些事让我们百感交集。都是什么样的百感呢？如果你没有全身心地去体会你的感受，你又怎么能讲出来呢？

很多学员的故事之所以不够走心，是因为他们没有全心感受过自己，尤其是针对自己的负面情绪。我们一有负面情绪就总是想要赶走它或者压制它，时间长了，我们变得对自己的情感和情绪不再敏感，麻木不仁的心怎么可能讲出走心的故事呢？

所以，学会讲故事的关键在于要先深入挖掘自己的内心，全身心地去感受自己的激情和快乐，自己的困惑和痛苦，如果你的故事连自己都打动不了，那就更无法打动别人。如果你想要找到真正的自己，就要从接纳自己的情绪做起，当有负面情绪的时候，不要逃避，不要硬压下去，而是待在那里面静静地体会一下，体会一下你的悲伤，你的恐惧，体会一下你的焦虑，你的纠结。然后问自己，为什么？我究竟怕什么？

每一个负面情绪背后的根源其实都是恐惧。焦虑是因为我害怕我的能力配不上梦想，纠结是因为我害怕我做出错误的选择，悲伤是因为我害怕没有他的日子我会孤独，愤怒是因为我害怕自己一生碌碌无为。只有全身心地去感受自己的情绪，才能讲出精彩的故事。

当你学会接纳自己的负面情绪时，你就开启了接纳自己的旅程。

精心收集

光观察、思考还不够，你还需要把这些素材收集起来放在一个地方。俗话说，好记性不如烂笔头，每当看到一个好故事，或者生活中发生了一个值得讲的事情，我都会随手记下来，让每一个笑点和泪点留存下来。自从开始写公众号，我有时候晚上躺在床上，突然想到一个金句，就算再困也要爬起来记在手机上。因为如果不记下来，睡一觉就忘了！

记下来不但可以帮助你强化记忆，记下来的同时也是一个二次思考的过程。你可以思考这个故事要讲给谁，怎么讲。只有这样才能积攒起很多故事素材，做到想什么时候用，就能把素材拿出来随时用。现在有很多随手记录的 App（应用程序），我比较土，用的就是手机上的便签。但什么工具不重要，关键是要有这个心。

热心分享

其实，最好的记录方式不是记到本上而是分享给别人。这样的分享有很多种方式：可以是口头的，可以是书面的，可以是面对一个大的群体，也可以是就跟同事做一个小的分享，甚至是讲给家人或者朋友。如果你有公众号则可以写公众号，有简书可以发简书，什么都没有也可以发发朋友圈。无论分享的范围有多大，都可以帮你锻炼用精炼的文字把自己听到、看到、想到的素材转化成故事的能力。

2018 年圣诞节，我们一家三口回西雅图休假，飞机飞到接近阿拉斯加上空的时候，机长宣布飞机引擎出了个小故障，需要备降在附近的一个美军空军基地。我们在基地滞留了 36 小时才获得救援，事后才知道飞机的引擎不是出了小故障，而是整个引擎坏掉了。对于大多数人，在安全抵达目的地之后，这样九死一生的经历不过就是一个上了热搜的饭后谈资。而我根据机长处理整个事件的过程，整理出一篇关于领导力的爆款公众号文章。

当你能讲出一个好的故事时，证明你是有思考的。故事是反思的成果，要么是你总结出的人生经验，要么就是你把别人总结的经验在自己身上验证并且整合出一个新的观点，并分享出来。

如何将日常素材转化为故事

很多人觉得自己讲不出故事是因为自己是理科生，文学水平或者文字能力不高。在我看来，这和是不是理科生没有任何关系。因为我们现在说的不是让你写一部电影剧本，而只是讲讲自己的故事和你身边人的故事。

美国著名剧作家罗伯特·麦基在《故事》这本书里讲到两种能力："文学能力和故事力。文学能力是充分利用了对文字的把握，能够将普通生活中的语言转化成更高级的形式和美妙的文字。故事力则是对生活的把握，拥有故事力的人能将普通的生活转化成更有力度，更富有意味的体验。"

故事力的背后是对人性、职场、社会的鲜活洞察和对讲故事技巧的熟练应用，也就是本书为大家提供的价值。文学能力需要你在生活中多观察，多体验，多思考，多提炼，多总结。写不出深刻的故事，是因为你看到的总是生活的表象，没有认真思考过表象背后是什么；写不出生动的故事，是因为你活着但没有生活着，没有慢下来细心观察和体验生活的甜酸苦辣。

在我看来，一个人的文学能力对于能否讲得出故事的影响并没有那么大，当然，如果是写故事，有无文学能力还是有差异的。我是学理科的，从小受到的文学熏陶非常有限，我们年少的时候，任何和考大学无关的书籍都叫课外书。我记得小时候每当读一些小说、诗歌、散文的时候，有人就会问："考大学考吗？"言下之意——不考就别浪费时间了。我非常庆幸自己当年非常不听话，多多少少还是看了一些书的（包括宿舍熄灯以后在被窝里看的书）。工作以后，因为没时间，我看书都会选非虚构类的书籍，因为总觉得看虚构类小说是一种时间上的奢侈。但是我现在越来越觉得，只有广泛阅读，才能从根本上培养一个人的表达能力。不仅要读，读的时候还要带着故事思维，看看哪些素材可以被用在自己的故事中。

如果你觉得自己实在没时间读小说，人物传记也是不错的选择，你可以看看伟人都是如何讲自己的故事的。虽然现在有很多听书的节目，但听书和读书不是一回事。听书没有给你思考的空间，也没有给你机会反复咀嚼文字之美。它至多可以帮你筛选一下什么书值得读，但不能代替你真正去读这些书。我是 Kindle 电子书的粉丝，像带手机一样，我出门一定会带着它，随时都可以把它拿出来读。

就像贫瘠的土地上无法长出茂盛的庄稼一样，讲好故事需要丰富的生活阅历和积累。除此之外，你还需要很多很多的爱。当你把自己的经历和看到的世界用故事的形式讲给别人时，你在传递的不仅是道理本身，更是你对下属、员工、客户或读者的爱。故事像一条大毛毯一样把他们包裹在其中，让他们舒舒服服地听你讲，感受着你沟通的温度，温度本身就是一种爱的力量。所以，与其说我热衷于讲故事，不如说我热衷于有温度、有爱的表达方式。

没有完美的人生，更没有完美的故事

说了这么多，也许你还是会有这样那样的问题，以下常见问题是我们学员经常提出来的，相信对读者也有帮助。

问：我觉得我讲的故事就是没什么新意啊，怎么办？

其实，无论是耶稣还是佛祖，无论是王阳明还是王朔，世间的道理说来说去就那么多。所以，的确，你再讲可能也讲不出什么全新的道理，道理虽然相似，人生的经历却绝没有可能复制。同样的道理，通过你的人生故事讲出来，它就一定是独一无二的，而且比起说烂了的名人故事，它很可能让你的听众更有共鸣。

问：我总是不满意自己的故事，怎么办？

每当听到这个问题的时候，我总是会反问对方这句话："究竟你是不能接纳自己的不完美还是不能接纳自己故事的不完美？"扎心了吧？我猜答案是前者。从教练的角度来看，通常是自我价值感偏低导致你总觉得自己的故事讲出来也没人想听。如果是这个问题，还是让我们的教练来帮你吧！

问：我觉得锻炼故事力挺难的，等我练好了再讲吧？

我在英国读博士写论文的时候，看着自己写的东西总觉得拿不出手，于是就总拖着不交上去，想着把它修改完美了再说。我的教授也不傻，看出来我的拖延症源于追求完美，有一天她语重心长地跟我说："Lin，完成比完美重要。"从此，我也经常把这句话送给我的学员，希望他们能战胜追求完美的心态，因为只有精彩的故事，没有完美的故事。精彩一定是在一次又一次不完美的历练中累积出来的。等你练好了再讲，可能永远也讲不出来了。

问：学了这么多，可事到临头，我总想不起讲故事怎么办？

确实，从知道到做到是世界上最长的距离。能够在想要发挥影响力的时刻，想到用合适的故事去影响对方，需要做到以下三点：（1）你清晰地知道自己当下要表达的观点是什么；（2）你根据当下的情境迅速判断应该直接说，用事实和逻辑去说服对方，还是应该讲故事；（3）如果你决定要讲故事，还要迅速判断要讲哪一个故事。所有这些判断都是基于对人和场景的认知在很短时间内迅速做出的。这对一个人的情商要求非常高，也需要长期的练习和经验积累。

故事思维：选择讲给自己的故事，就是选择你的人生

如果说故事力是一种沟通能力的话，那故事思维就是一种思考方式和人生态度。当你用故事思维去看待生活的时候，就像是戴了一副全新的眼镜，你看到的世界也因此不同。比如：在故事思维里，失败不是永恒的，而是你人生这本故事书中的一个章节，一个故事中的冲突。所有的成功人士都曾经失败，千万留学生培训基地新东方的创始人俞敏洪曾经想要去美国留学，但是多次签证都被拒签；褚橙之父褚时健老先生曾经入狱，并且服刑期间痛失爱女……但是他们并没有把自己定义为“失败者”，而是把自己改写成故事里的英雄。每个英雄背后都有一个追求梦想和梦想破碎的故事，一个苦难和救赎的故事——不是他人救赎，就是自我救赎。

想象一下，如果你的一生是完美的、风平浪静的，如果你每天都过着同样的生活，那等你活到 80 岁，不过就是 80 年都在重复

同样的一天。这样简单重复，没有烦恼，没有跌宕起伏的故事不就是没有冲突的故事吗？这样的故事怎么可能成为一本畅销书？这样的人生拍成电影，有人想看吗？估计除了你爸你妈，没人想看，就连你孩子都会嫌你太无聊。

所以没有冲突的故事不是好故事，没有失败不足以谈人生。

成为自己故事里的英雄只需要一个条件，那就是你认为你值得拥有梦想，且相信自己有实现梦想的能力。他们选择讲给自己的故事，都是苦尽甘来，梦想总会照进现实。相反，那些自我效能低的人不需要别人摧毁他们，他们自己就会如此。如果你日复一日讲给自己的故事都是“我不行”，那你永远也无法成功。如果你认为自己永远都找不到适合自己的工作，那你可能就真的找不到。如果你认为自己就是不值得拥有爱，那你可能就真的永远无法找到爱你的那个人。

在故事里，我们之所以强调对话的重要性，是因为很多冲突其实都是体现在对话里的。在生活中，你的内心对话也决定了你如何面对冲突，挑战自己的限制性信念。当你换个方式讲故事，你的人生就会改变，因为不管你的故事是什么，它都会影响到你的人生。

几年前，当我打算辞职出来创业的时候，心里非常没有安全感，我担心没有收入养活不了自己，担心方向选的不对，最后枉走一圈弯路，我的内心故事一直在心里发酵且越发酵我越恐惧，眼看着就要变成惊悚片了。后来，我换了一个故事跟自己讲：“好吧，就算是你闯荡一番发现自己根本不是创业的材料，到时候大不了就回去上班，这时候，你或许还能讲一个‘浪子回头’的故事呢？”

所以，选择什么样的内心故事，就是选择什么样的人生。

等我真的辞职以后，我又发现了一个新的问题，这是我以前从来没想过的问题，我发现自己从一个企业高管突然变成了一个没有单位的人，我一下子失去了身份认同。而且，我发现单位这个东西很重要，陌生人见面，三句话离不开你是什么单位的，出国旅游申请签证也要填单位，像我这样没单位的人一下子就变成了无业游民，心里慌慌的。过了一段时间，有一天填表填到“职业”一栏的时候，我发现，其实我可以想填什么就填什么啊！我可以填“作家”“培训师”“教练”“CEO”，每个身份都是我的一部分，我并不是一个无业游民，我不过是一个有很多职业的“斜杠”中年。我喜欢这个故事，从此就把这个故事讲给自己听。

当你拥有故事思维的时候，你可以练习，在生活中有意选择对自己更有利的故事讲给自己听，而不是被大脑绑架，选择那个自己吓唬自己的故事。这些不同的故事选择，让我们做出不同的生活选择。正如美国心理学家丹·麦克亚当斯教授所说：“我们内心的故事塑造了我们的身份认同，我们的身份认同决定了我们的命运。”

所以，如果你的生命是一本故事书，你就是这本书的作者，你要怎么写自己的故事呢？

小结

生活中到处都有故事，每个人其实都是有故事的人，关键在于你是否用心体会过生活，诚心反思过生命，全心感受自己，真心接纳自己，你是否能做到细心地收集故事素材，精心总结，热心分享。当你能做到这些时，就可以说自己拥有了故事思维。

著名的文学家、画家木心曾经跟他的学生陈丹青说过："最杀手的拳，老师是不教的。"为什么呢？因为不是老师不教，而是教不了，因为"最杀手的拳"来自你与自己生命本源的对话。愿你爱自己，无论生活给你什么臭脸都一如既往、死心塌地地爱自己！讲出自己的故事，做自己故事里的英雄，把自己活成一本畅销书！

小练习

拿一张白纸，画一条横线，在横线上按照你的年龄，每 5 年标一个点。在横线上方和下方分别标注你人生中的高潮和低谷（可以标多个），回想一下：

1. 当时都发生了什么？
2. 你从中学到了什么？
3. 这些点如何影响了你现在的人生？

致　谢

23 年前，我去美国读工商管理硕士，举行开学典礼的时候，我走进学校的大礼堂，发现黑压压的一片人，所有的同学都西装革履，只有我穿了一件白色的短袖连衣裙。原来通知上写得很清楚，着装要求“正装”，而我那时候刚出国，对这些规则都不懂，傻傻地就来了。没办法，我只好硬着头皮径直走到第一排。看到有个空位就坐下了。

过了一会儿，有个男生走过来指着我旁边的位置问：“Is there anyone sitting next to you？”（你旁边有人吗？）我抬头看了一眼，小伙子长得挺帅，目光特别纯朴，就说：“没有，你坐吧。”后来，毕业典礼的第二天，我就和这个叫 Hubert 的小伙子结婚了。

这些年来，从我到我们，从学生到经理人，从美国到中国，从打工到创业，从高管到高管教练，我们共同经历了很多故事，有些是成功故事，有些是失败故事，但更多的是转型故事。如果人生是一本故事书，在演绎自己故事的同时，我们也是彼此的故事中最重要的配角。

虽说我们已经合写人生故事20多年了，但是这还是我们第一次合作写书。本书大部分的核心观点和主要知识点源于Hubert，只不过因为他的中文水平尚停留在他13岁离开台湾时的水平，所以还是得由我这个土生土长的北京大妞来组织内容。我们妙笔生花，下笔如有神（经病）的小编“有意思的凯瑟琳”（赖勤），则在本书的总体架构和最终成文中发挥了重要作用。

这本书里面的部分案例来自我们的学员和助教，在此由衷感谢俞瑛、李秦、黄莺、马楠、孙杰、张燕、更要感谢所有“讲故事训练营”的学员。正因为你们对故事力的热情，激发了我们写这本书的动力。

感谢为本书做推荐的各位KOL和朋友，因为你们，将有更多的人体会到故事的魅力。

最后，还要感谢“有意思教练”团队的所有成员，感谢你们相信我和Hubert的故事，认可“有意思教练”的使命——让每个人都成长为真实、智慧、有意思的人。

故事有明线、暗线，人生也是一样，“外在成长”这条明线可能会让我们的人生故事更精彩，“内在成长”这条暗线才是决定我们人生故事是否幸福的关键。希望有意思的你，能够在我们的陪伴下和我们一起“内外兼修”，活成自己故事里的英雄！

参考文献

1. 丹尼尔 · 平克 . 全新思维：决胜未来的 6 大能力［M］. 高芳，译 . 浙江人民出版社，2013.

2. 罗伯特 · 麦基 . 故事：材质、结构、风格和银幕剧作的原理［M］. 周铁东，译 . 天津人民出版社，2014.

3. 吉姆 · 西诺雷利 . 认同感：用故事包装事实的艺术［M］. 刘巍巍，孟艳，李佳，译 . 九州出版社，2016.

4. 唐纳德 · 米勒 . 你的顾客需要一个好故事［M］. 修佳明，译 . 中国人民大学出版社，2018.

5. 卡迈恩 · 加洛 . 会讲故事才是好演讲［M］. 任烨，译 . 中信出版社，2018.

6. 安妮特 · 西蒙斯 . 故事思维［M］. 俞沈彧，译 . 江西人民出版社，2017.

7. 保罗 · 史密斯 . 销售就是卖故事［M］. 任海英，译 . 北京联合出版公司，2017.

8.Vogler，Christopher. *The Writers Journey*：*Mythic Structure for Writers*.［M］Michael Wiese Productions, 2007.

9.Zak，Paul J. Why inspiring stories make us react：the neuroscience of narrative［J］. *Cerebrum* ：*the Dana forum on brain science*, 2015.

10.Damasio，Antonio. *Descartes' Error*：*Emotion*，*Reason*，*and the Human Brain*［M］. Penguin Publishing Group, 1994.

附录：6 个人人都需要的故事模型

1. “我是谁”的故事模型（价值观故事）

应用场景：社交场合，求职面试，述职演说，创业路演

___________（价值观）对我很重要

即使面对___________（冲突，困难）

让我感觉很___________（负面的情绪）

我还是坚持___________（体现这个价值观的行为）

例 1（简单粗暴版）：学习对我很重要，即使这么大岁数了，还要学习新的编程语言，这让我感觉非常吃力，但我还是坚持每天下班回家听课。

例 2（自然版）：我认为一个人的自控力非常重要。（价值观）如果连自己都管不了，还带什么团队？所以，为了达成目标，我通常会对自己特别狠。比如前段时间我决定减肥，我就每天早上 6

点起来跑步。我有一段时间需要加班，晚上回家都12点了。（冲突）早上起床特别痛苦。（负面情绪）可我还是挣扎着起来，一天没落下，直到减了10斤。（体现这个价值观的行为）

练习

第一步：确定我想要表达的价值观。__________（注意取舍，一个故事一个点）

第二步：选择哪个冲突能很好地体现这个价值观？__________

第三步：那个冲突给我带来的负面感受是什么？__________

第四步：你最后做了什么？实现了什么结果？__________

2. “我为什么……”的故事模型（动力的故事）

应用场景：社交场合，求职面试，述职演说，创业路演，转型转行

因为发生了__________（触发事件）

所以__________成为我的动力

让我热爱（想要）__________

即使面对__________（困难 / 冲突）

让我感觉__________（负面情绪）

我还是坚持__________（体现这个动力的行为和结果）

例 1（简单粗暴版）：因为我出生在一个偏僻的小山村，所以好好学习走出大山成了我的梦想。这也让我爱上了读书，即使图书馆的资源非常有限，我需要步行 10 公里到县城图书馆才能借到书，感觉非常不方便，也很累，但我还是坚持每个周末去图书馆借书学习，所以最后才考上了大学。

例 2（自然版）：我家里有 5 个妹妹，我们一家 8 口人挤在纽约皇后区的贫民区。（触发事件）为了改善全家的生活（动力），我念大学的时候就开始创业挣钱，开发了这款产品。有一段时间，资金链出了些问题，我们全家把所有的存款都拿出来垫上了，全家人一顿就吃一个比萨。（困难 / 冲突）但我们坚信，这个公司是我们全家的希望，它一定能够好起来。后来，经过产品迭代，公司再次走上正轨。这个公司对于我和我的家人真的非常重要。（体现这个动力的行为和结果）

练习

第一步：确定我想要凸显的动力。__________（选择内在动力）

第二步：反思自己为什么会有这样的动力？它是由什么触发的？__________

第三步：选择哪个冲突能很好地体现这个动力？__________

第四步：那个冲突给我带来的负面感受是什么？__________

第五步：你最后做了什么？实现了什么结果？__________

3. “我学会了……”的故事模型（学习的故事 / 失败的故事）

应用场景：求职面试，工作汇报，述职演说，创业路演，转型转行

当初 / 本来 __________（背景，原本处于平衡状态）

后来 / 有一天 __________（触发事件）

我面对 __________（这件事的困难 / 冲突）

结果 __________（失败或不好的结果，可能是因为你做错了什么，可能并不是你的错）

这让我感觉 __________（负面情绪）

这让我意识到 __________（领悟到的道理 / 学习到的经验）

后来，我 __________（应用道理和经验做了什么改变）

从此以后，我 __________（已经获得或未来有希望获得成功）

例 1（简单粗暴版）：本来我以为，人在职场，绩效自己会说话，后来我发现身边被提拔的人都是特别会说话的。面对连续两次一起入职的同事都成了经理的现实，我感到非常沮丧，也特别委屈。后来我慢慢意识到成绩摆在那里只是结果，我没有努力让高层看到我、认可我，不争取，在竞争激烈的职场是行不通的。后来，我经朋友介绍上了“有意思教练”讲故事的课程，开始学着给领导和同事讲故事。从那以后，我开始获得很多认可和好评，老板在电梯里遇见我还会主动叫我名字跟我打招呼，我应该离经

理的职位不远了。

例 2（自然版）：我从小就不是一个特别细致的人，一直就觉得“成大事者不拘小节”。在学校的时候也因为自己的思维和前瞻性的眼光获得过不少荣誉。（背景）进入职场，我也没有特别的改变。后来有一次，我获得一个机会帮助 CEO 撰写演讲稿，从构思到段子，到金句，我觉得我的讲稿无比完美。然而，CEO 看过后把讲稿打了回来，用密密麻麻的注释修改了我用错的标点和错别字。（冲突 / 不好的结果）我当时真是恨不得找个地洞钻下去。（情绪）从那以后，我开始理解所谓的匠心和大成，细节真能决定成败。（领悟的道理）无论是写报告，做提案，做表格，我都会细致到文字和标点，直到完美才会交出答卷。（改变）再后来，别人交给 CEO 的东西，都会先让我去看一遍，这种努力被认可的感觉，真的很棒。（成功）

练习

第一步：思考我从失败中学到的道理。________________

第二步：哪一次失败的经历让我有了这样的认识 / 反思？____

第三步：当时的背景是什么？__________

第四步：后来发生了什么冲突？__________

第五步：我做了什么？__________

第六步：最后得到了什么不好的结果？__________

第七步：给我带来的负面感受是什么？__________

第八步：后来在工作/生活中我是怎么应用学到的这个道理的？
____

第九步：它给你的工作/生活带来了什么样的不同？ ________
（注意：这就是以终为始的故事架构的体现，先从你想要讲的道理开始，再找相应的故事素材）

4.“我很牛”的故事模型（成功的故事）

当初/本来 __________（背景，原本处于平衡状态）

突然/有一天 __________（触发事件）

我面对 __________（困难/冲突），不知如何解决

这让我感觉 __________（负面情绪）

后来通过 __________（你怎么找到的解决方案？是自己学来的，导师告诉你的，还是一个灵感？）

因此我做了 __________（成功的经历）

最后实现了 __________（成功的结果）

这让我意识到 __________（由此学到的道理）

从此以后 __________（怎么用上你学到的道理，明天会更好）

例1（简单粗暴版）：我是一个小学校长，本来觉得作为领导，我需要保持权威的形象，我的教育理念就应该自上而下在大会上说。有一天我发现我讲了很多次，老师不但没理解，还和我越来

越远。这让我感觉特别沮丧，高处不胜寒。后来有一天，通过故事课，我学到了：传递理念需要共情，恰恰是失败的感受最容易和别人发生连接。因此，我在一次大会上讲述了我年轻时候当老师的失败故事，也阐述了我为什么形成现在的教育理念，意外地获得很多掌声。这让我意识到：领导也是人，不完美的我才更容易打动人。从此以后，我不再执着于做一个完美的领导，也学会了经常给下属讲故事。

例 2（自然版）：我刚开始从技术售后转到销售岗的时候特别不得要领。（背景）我很郁闷，也很委屈：为什么我对产品的性能了解得比谁都多，可是无论我怎么介绍，总是差那临门一脚？（触发事件）当时带我的领导就跟我说："客户买的不是产品，是感受。你只有让他们感觉到产品的温度，他们才会有购买的欲望。"（如何学到的）我当时也是似懂非懂，就开始把自己放在客户的角度，琢磨怎么才能"感受"到我的产品有多好。于是我针对体验流程、销售话术技巧做了一系列改进。（能力）从第二年开始，我的业绩就一直是大区第一名。（结果）我也慢慢开始理解什么叫作"用户思维"。

练习

第一步：我想要凸显的能力是 ____________

第二步：哪一次经历让我有了这样的学习 / 反思？ ____________

第三步：当时的背景是什么？ ____________

第四步：后来发生了什么冲突？ __________

第五步：当时谁给了我帮助或启发？ __________（尽量不要用无师自通的例子）

第六步：我做了什么？ __________

第七步：最后获得了什么结果？ __________

第八步：后来在工作/生活中我是怎么应用学到的这个道理的？第九步：它给你的工作/生活带来了什么样的不同？ ________

5. 雪中送炭的故事模型

我了解 __________ 对你很重要（背景，对方的目标）

然而 __________（引发事件）发生了（或如果发生）

会（如何）__________ 影响你的目标（困难/冲突）

这让你感觉 __________（负面情绪）

我有一个方案，可以帮你 __________（如何克服困难/达成目标）

之后你将 __________（明天会更好）

例 1（简单粗暴版）：我了解在过去的三年，贵公司都是这行业的前三名。您作为创始人，肯定以此为荣。然而最近，有三家竞争对手开始实行网上营销，导致贵公司很多关键客户流失。上周，贵公司最大客户的 CEO 在电视上接受采访时还提到了竞争对手 A 公司。相信大家现在都很想知道怎么才能扳回来这一局。

所以今天我想跟您和您的团队介绍一下，为什么我们的互联网资讯服务能给您提供比对手更专业的工具，从而提升您的网上营销，助您赶超竞争对手，让你们明年有机会回到行业榜首，重振雄威。

例 2（自然版）：老板，我知道人才培养对您来说一直很重要。（对方关心的目标）现在技术发展日新月异（引发事件），几个月就会迭代，我感觉我们团队再不学习马上就会被淘汰了。（困难 / 冲突）但我也知道现在经济大环境不好，公司的各项预算其实挺紧张的，您也挺无奈的。（负面情绪）所以，就现在市场上最先进的这项技术，我横向对比了三家公司的培训产品，其中 A 公司的口碑和时间安排都和我们特别匹配，性价比也非常高。我看了一下我们团队的项目表，觉得如果能够让大家分批，利用周末的时间去上课（克服困难的方案），既不耽误工作，又能够为公司带来最尖端的技术，说不定公司还能再孵化出几个未来有潜力的产品。（达成目标 / 未来成果）比起团建出去玩玩，咱们把预算这么花是不是更合适？您觉得呢？

练习

第一步：你希望通过故事达到的理性目标是 ___________，感性目标是 ___________。

第二步：针对你的理性目标，你的听众最关心的事情 / 目标是什么？ ___________

第三步：针对你的感性目标，你需要激发对方什么样的情绪？

____

第四步：发生什么事情，会让听众关心的事情 / 目标受到阻碍？ __________

第五步：阻碍发生了，听众的感受是什么？ __________（负面情绪，挖大坑）

如果这个阻碍被克服了，听众的感受会是什么？ __________（正面情绪，画大饼）

第六步：你 / 你的产品能通过哪些途径克服阻碍？ ________

第七步：克服阻碍之后，听众能够获得什么？ __________（利益、成就、正面情绪等）

6. 英雄之旅故事模型（转变的故事）

曾经我 __________（在平凡的世界里，处于平衡状态）

有一天 __________（一个触发事件让你接受冒险的召唤）

然而，我发现 __________（进入新世界后发现自己面临的挑战）

这让我觉得 __________（负面情绪）

但是，在 ____________（导师 / 灵感）的帮助下，我做了 __________（行为），获得了 __________（正向结果）

最后 __________（终极考验）

这个过程中，我感觉到 ___________（发生的转变）

从此以后 ___________（重新进入一个平衡，在未来应用学到的经验）

例 1（简单粗暴版）：曾经我在一家国企过着朝九晚五的生活。有一天，参加高中同学聚会的我听到很多同学的人生都跌宕起伏且无比精彩，我终于理解为什么我衣食无忧却总是不开心。可是我发现，从体制内转型有着层层阻碍，家人不支持，能力也不允许。于是，我开始在网上搜索转型的方法，开始学习转型课。在课程中，我开始了解自己的优势，也开始去探索新的可能，并从中了解我需要提升的新技能。最后，我发现转型是一个长期的过程，断崖式转型不是最适合自己的方法。然而，这个过程让我更加了解自己。从此以后，我一边工作一边探索新的机会，学习必需的技能。相信不久的将来，我也可以找到自己喜欢且擅长，并且能够为我带来收入的事业甜蜜点！

例 2（自然版）：毕业的时候，我进入一家世界顶级的猎头公司。我们一直在关注的都是高管职位，接触的也是世界一流的人才。当时我的环境、待遇、领导、团队都非常完美。（平凡世界）可是我一直觉得不开心，有种格格不入的感觉。公司都以销售为导向，一切都向“钱”看，同事也都以赚钱、购物为乐趣。我虽然没有到视金钱为粪土的境界，但一直觉得对我们来说，总有些比钱更重要的事吧？我希望做对改变这个世界“有意义”的事情。可那是什么呢？我不知道。

因为我父母都是老师，我从小一直在学校长大，我最能体会到教育如何改变人。（冒险的召唤）于是，我开始寻找教育行业的各种机会。一开始，因为没有行业经验，我遭到很多拒绝。（挑战）直到我遇到现在的公司，老板完全认同我的理念，也看到作为咨询师其实有不少可以迁移的技能，于是决定让我做三个月试试。一试，就是三年。（新世界）这三年，虽然我远离了中央商务区，工资也降了不少，但我们一起做了很多事情，也切实看见了身边很多人的改变，这让我获得极大的满足感。那或许就是香港同事晒包包的心情吧。（转变）我也终于领悟到，对我来说，光鲜的外表没有任何意义，只有做自己喜爱的事情，才是人生最好的事。（返回）

练习

第一步：这些年，最让你骄傲的转变是什么？ ____________

第二步：那个转变是在什么情况下发生的？你当时面临的最大挑战是什么？ ____________

第三步：面临挑战，你是如何克服的？你做了什么？得到了什么结果？ ____________

第四步：还有谁参与其中？他们具体给了你什么帮助？ ______

第五步：是什么促使你做出这样的转变？你当时内心最在意的是什么？ ____________

第六步：这段经历给你带来了什么影响 / 改变？ ____________